KB213951

믿음을 묻는 딸에게,
아빠가

믿음을 묻는 딸에게,
아빠가

정한욱 지음

기독교에 회의적인 교양인과 나누고 싶은
질문 25가지

교회에서 던질 수 없었던 질문과 회의에 대한
갈증을 풀어주는 진지한 교양서

이 책은 딸이 질문하고 아빠가 대답하는 형식으로 구성되었지만, 성서와 제자도, 세계관과 일상, 하나님의 여성성, 죄와 수치, 고통과 진실, 수사학과 역사, 폭력과 평화, 종말과 부활, 환대와 타종교, 이슬람과 유교적 칼빈주의, 팬데믹과 교회 등 기독교 교양과 풍부한 지성으로 가득하다. 이 책의 저자는 안과 의사이자 NGO의 일원으로 참여하여 기독교의 정신을 실천하는 중에서도, 지적이며 종교적인 많은 독서와 사색을 이어간 기독교 신앙의 탐구자이기도 하다. 누군가 "철학은 답할 수 없는 질문만 해댄다면, 교회는 하지도 않은 질문에 답만 주려 한다"고 말한 게 기억난다. 하지만 이 책은 그동안 교회에서 던질 수 없었던 질문과 회의에 대한 갈증을 풀어주며, 기독교 교양을 추구하는 자들에게 따뜻하고 진지한 대답을 건넨다. 이 책 속에는 믿음에 관한 주옥같은 문장들이 많지만, 그중에서도 가장 와닿은 문장을 고르라면, "그리스도인들의 표지는 예수의 권위에 대한 인격적 순종이지만, 그 순종의 다른 얼굴은 예수 외에 누구에게도 얽매이지 않는 자유라는 사실이다"를 꼽고 싶다. 기독교가 말하는 자유와 정의, 환대와 사랑이라는 가치의 나침반을 들고서, 미지의 대양 너머 어딘가에 있을 진리를 찾아 항해하고픈 독자들에게 이 책은 모험과 용기를 선사하리라 믿는다.

— 강호숙(비블로스 성경인문학연구소, 『여성이 만난 하나님』 저자)

믿음을 묻는 딸에게,

한국교회에 이런 지성적인 평신도가 있다니 놀랍습니다

어릴 때부터 찬송가 355장을 좋아했다. "부름받아 나선 이 몸"이라는 첫 구절부터 의기양양해지면서 "멸시 천대 십자가는 제가 지고 가오리다" 구절에 이르면 이미 내가 골고다 언덕을 당당히 오르는 느낌이었다. 그런 시절이 있었다. 기독교인이라는 것이 자랑스럽고 기독교인으로서 사회적인 책임을 응당 지어야 했다. IMF 이후 우리 사회는 극단적으로 변했다. 큰 고난을 겪으면서 사람들은 친절해졌으며 우리나라는 발전했다. 그런데 희한하게 교회는 거꾸로 갔다. '퇴행'이란 말이 적절했다. "이정모 씨는 참 괜찮은 사람인데, 교회에 다닌대……"라는 말이 들렸다. 나도 교회에 다니는 게 부끄러웠다. 교회가 세상의 빛과 소금이 되기는커녕 가짜뉴스의 소굴이 되었다. 카톡방 열기가 두려웠다. 우리 집에선 아내만 교회 예배에 출석한다. 두 딸은 신앙에서 벗어났고 나는 신앙을 지키기 위해 교회에서 벗어났다. 『믿음을 묻는 딸에게, 아빠가』를 아빠의 입장이 아니라 딸의 입장에서 읽었다. 한국교회에서 한 줄기 희망을 보았다.

- 이정모(전 국립과천과학관 관장, 『과학관으로부터 온 엉뚱한 질문들』 저자)

목사보다 더 성경과 신학에 깊은 지식과 관심을 가진 사람

저자와의 인연은 거의 40년 전으로 거슬러 올라간다. 나는 지금 저자가 다니는 교회 고등부 교육전도사였고 저자는 고등학교 3학년 학생이었다. 기억나는 것은 저자는 말이 별로 없는 얌전한 학생이었고 입시생 때도 교회에 열심히 나왔다는 정도. 그때 내가 인도했던 성경 공부에서 필기한 내용을 30년 동안 보관했다며 보여줬을 때는 소름이 끼쳤다. 어디 가서 말 함부로 하지 말자고 다짐하면서. 끊어졌던 인연을 맺어준 것은 SNS. 거기서 보는 저자는 '저래서 의사 노릇 제대로 할까?' 싶을 정도로 독서광이다. 이 책을 읽고 나서 처음 든 생각은 저자가 다니는 교회 목사가 목회하기 힘들겠다는 것. 어지간한, 아니 사실 대부분의 목사보다 성경과 신학에 대한 지식과 관심이 더 넓고 깊으며 지금도 시간 나면 성경 공부와 독서에 몰두하니 왜 안 그렇겠는가. 책 몇 권 내본 경험자로서 쉽지 않은 내용을 이렇게 읽기 쉽게 쓰는 게 힘든지 알기에 저자의 노력에 큰 박수를 보낸다. 짧은 기간이지만 한때 한 공간에서 숨 쉬며 살았다는 사실에 하나님께 감사한다.

- 곽건용(LA 향린교회 목사, 『눈 떠보니 하나님이더라』 저자)

진지한 그리스도인이라면
저자가 공부해온 길에서 도움받을 것

딸의 질문에 대한 아빠의 답변 형식으로 이루어진 본서에서 딸의 질문은 성서의 내용 자체에 대한 것이 아니라 모두 지금 살아가는 현실 속에서 기독교 신앙과 성서를 어떻게 이해할 수 있는가에 초점을 맞춘다. 그래서 본서는 오늘 우리가 살아가는 구체적이고 실제적인 현실 속에서 기독교 신앙을 고백한다는 것의 의미가 무엇인지 모색하고 배우고 깨달은 저자의 생생한 나눔을 보여준다. 무엇보다도 저자의 나눔을 형성해온 것은 저자가 꾸준히 읽고 공부해온 여러 책들이다. 본문 안에 많은 책이 언급되며, 각 장 마지막에 이렇게 다루어진 책들을 간략히 소개하며 모아두고 있어, 저자가 걸어간 길을 다른 이들도 살펴볼 수 있도록 돕는다. 급격히 변화하는 세상 속에서 제기되는 여러 주제에 대해 저자가 공부하고 나누는 내용은 묵직하면서도 알기 쉽게 쓰여 진지한 그리스도인이라면 누구에게라도 크게 도움이 되고 요긴할 것이다.

- 김근주(기독연구원 느헤미야 전임 연구위원, 『나를 넘어서는 성경읽기』 저자)

동서고금을 망라한 묵직한 독서에서 길어 올린
사유의 밀도가 놀랍다

당돌한 물음에 발칙한 대답이다. 보수적인 교회에서 계속 신앙생활을 하고 있는 아빠, 그 아빠와 함께 교회를 다닌 딸이 주고받는 자유로운 대화와 건네는 답변의 수준에 놀라고, 동서고금을 망라하는 고전과 묵직한 책에서 길어 올린 사유의 밀도에 혀를 내두른다. 하지만 그 수면 아래에 흐르는 정조를 감지해야 이 책을 제대로 읽는다. 하나님과 교회에 대한 남다른 사랑과 헌신, 딸과 딸의 신앙을 걱정하고 지지하는 단단한 아빠의 사랑이 곳곳에 묻어난다. 그리하여 저 드넓은 사유가 종착 없이 헤매지 않는다. 지상 깊숙이 뿌리를 내린 형국이다. 이 나무에서 새로운 물음이 생겨나고 불온한 대답이 속출할 때, 이 책은 제대로 읽힌 것이 되리라.

- 김기현(로고스교회 목사, 『욥, 까닭을 묻다』 저자)

믿음을 묻는 딸에게,

그리스도교의 가르침에 회의하는 교양인들
믿음(신앙)이 필요 없다고 생각하는 이들
믿음을 가지고 싶지만 믿기지 않아 어려움을 겪는 이들
믿음이 있지만 이 세상에 발생하는 부조리와 비극과
모순 때문에 회의와 의심 속에서 좌절하는 이들
이 모든 이들을 위한 책

딸이 질문하고 아빠가 답변하는 다정하고 따뜻한 형식으로 쓰인 이 책은 아들 같은 제자가 묻고 아버지와 같은 스승이 답변하는 형식으로 쓰인 안셀무스(Anselmus von Canterbury)의 저서 『왜 하나님은 사람이 되셨는가?(Cur Deus Homo)』를 무척 닮았다. 저자는 자신의 딸의 고민과 질문을 경청하며 겸손하고 성실하게 답변함으로써 우리 시대의 젊은이들과 소통한다. 우리는 이 책에서 상식에 대한 긍정, 날카로운 지성, 신의 은총에 대한 감사와 신뢰, 이 세상의 부조리와 모순에 대한 고뇌와 탄원, 약자에 대한 연대와 환대, 그리고 이러한 차원들이 어우러지면서 빚어내는 아름다운 그리스도교적 지혜를 만난다. 우리 시대에 그리스도교의 가르침에 회의하는 교양인들, 믿음(신앙)이 필요 없다고 생각하는 이들, 믿음을 가지고 싶지만 믿기지 않아 어려움을 겪는 이들, 믿음이 있지만 이 세상에 발생하는 부조리와 비극과 모순 때문에 회의와 의심 속에서 좌절하는 이들, 이 모든 이들이 이 책을 읽었으면 좋겠고, 그렇게 함으로써 희망과 용기를 가졌으면 좋겠다. 이에 기쁜 마음으로 이 책을 추천하며 일독을 권한다.

– 이동영(서울성경신학대학원대학교 교수, 『몸짓의 철학』 저자)

기독교에 회의적인 교양인들에게

"하나님의 말씀이라는 성서에는 왜 그렇게 끔찍하고 폭력적인 내용이 많나요?" "하나님이 살아계신다면 세상에는 왜 그렇게 악과 폭력이 만연한가요?" "왜 기독교인들은 진리 이야기만 나오면 그렇게 오만하고 독선적인 모습을 보이나요?" 요즘 들어 대학에 들어간 딸이 부쩍 질문이 많아졌습니다. 제 딸은 어렸을 때부터 교회에 다녀 전통적인 교회의 언어와 논리에 익숙하지만, 성인이 되면서 자신이 지금까지 배워왔던 기독교의 모습에 의문이 생기는 중입니다. 이 책은 제 딸의 의심과 질문으로부터 태동했습니다.

21세기 대한민국에서 기독교는 인기 없는 주제입니다. 이 기독교 혐오증은 코로나 이후로 더욱 심해졌습니다. 교회가 이기적이고 무책임할 뿐 아니라 비상식적이고 반지성적인 집단이라는 것이지요. 40여 년간 기독교인으로 지내온 저 역시 오늘날 한국 기독교의 모습이 불편하기는 마찬가지입니다. 오히려 교회 바깥에 계시는 분들의 지적에 공감이 갈 때가 훨씬 많습니다. 이 책은 그분들의 비판적 지적에 대한 공감과 반성에 바탕을 두고 있습니다.

저는 성인이 된 후 대부분의 시간을 진지한 기독교 신앙의 탐구자로 살아왔습니다. 한국에서 가장 보수적인 교단 중 한 곳에서 신앙생활을 시작했지만, 젊어서부터 그 교단이 그어놓은 경계를 넘나드는 독서와 사유의 여정을 이어왔습니다. 또한 저는 30여 년 동안 안과 의사로 살아왔고 그중 15년간은 비전케어라는 국제실명구호기구 소속으로 수술을 통해 지구촌 이웃들에게 빛을 찾아주는 일에도 동참해왔습니다. 이 책에는 젊었을 때부터 이어진 제 지적·종교적 탐구의 여정과 안과 의사이자 NGO의 일원으로 살아온 삶의 궤적이 녹아들어 있습니다.

책은 딸의 질문과 제 답변으로 이루어져 있습니다. 딸의 질문은 기성 교회의 입장에서 볼 때 상당히 당돌하게 느껴질 것이고, 제 대답 역시 기존의 기독교 문법에 익숙한 분들에게는 꽤 발칙하게 여겨질 것입니다. 아직까지 한국에서 가장 보수적인 교단에 속한 교회에 몸담고 있는 제가 이런 내용을 책에 담아 펴내는 것에 부담을 느끼지 않았다면 거짓말이겠죠. 그러나 딸의 진지한 질문 앞에서 정직한 아빠가 되지 않을 도리는 없었습니다.

딸의 질문에 대한 제 대답의 실마리는 대부분 제가 읽은 책들로부터 나왔습니다. 개인적 탐구의 중요한 고비마다 앞길을 인도해준 결정적 스승이 바로 책들이었기 때문입니다. 그래서 이 책은 기독교에 회의적이 되어가는 딸의 질문에 대한 대답이면서, 동시에 기독교라는 대양을 항해하는 과정에서 제게 길잡이와 나침반이 되었던 책들에 대한 이야기이기도 합니다. 각 장의 말미에 각각의 주제에 관해 관심 있는 분들이 참고할 만한 몇 권의 책을 소개해놓았습니다.

이 책을 쓰는 내내 기독교 신학자인 슐라이에르마허 Friedrich Schleiermacher의 『종교론』을 머리에 떠올렸습니다. 사실은 책의 내용보다 "종교를 멸시하는 교양인을 위한 강연"이라는 부제가 머릿속을 맴돌았다는 것이 더 정확한 표현이겠네요. 저는 이 큰 신학자의 신발 끈을 매기에도 모자란 일개 필부에 불과합니다만, 저 위대한 저술의 멋진 부제가 제 책을 위한 영감의 원천이 되어주었다는 사실만큼은 수줍게 고백할 수 있을 것 같습니다.

저는 딸에게 지금까지 네가 듣고 배워왔던 기독교는 2000년 기독교 역사라는 풍요한 대양의 극히 일부에 불과하다는 사실과 기독교는 생각보다 훨씬 지적으로 존중받을 만한 종교라는 사실 그리고 한국 기독교의 트레이드마크가 되어버린 혐오와 정죄는 결코 기독교의 본질이 아니라는 사실을 말해주고 싶었습니다. 무엇보다 기독교인으로 살아간다는 것은 진리의 성채 안에 간직된 성배를 수호하는 기사단의 일원이 되는 것이 아니라, 미지의 대양 너머 어딘가에 있을 값진 보물을 찾아 위험하지만 스릴 넘치는 항해를 떠나는 모험가가 되는 일임을 알려주고 싶었습니다.

부디 이 책의 첫 독자가 될 사랑하는 제 자녀들이 그들의 앞에 펼쳐진 삶과 신앙의 항해 길을 용감하게 헤쳐가며 자신의 몫을 다하는 성공적 여행자가 되길 바랍니다. 그리고 이 책이 제 자녀뿐 아니라 진지한 기독교 탐구자들과 기독교에 회의적인 교양인들에게도 도움이 되길 바라는 마음 간절합니다. 딸과 이런 대화를 나눌 수 있었던 저는 행복한 아빠입니다.

차례

일러두기

1. 기독교의 경전을 지칭하는 용어로는 대다수 한국 개신교 교인들에게 친숙한 '성경' 대신 보다 보편적으로 통용되는 '성서'를 주로 사용했습니다. 단 '성경주의'와 같이 관용적으로 사용되는 용어의 경우에는 '성경'으로 표기했습니다.

2. 기독교 신앙을 고백하는 사람을 지칭할 때는 기독교인, 그리스도인, 성도, 교인, 제자 같은 다양한 용어를 상황에 따라 적절히 사용했습니다.

3. '도움 책'의 번역본이 여러 권인 경우 가장 나중에 나온 판본이거나, 가장 최근에 번역되었거나, 현재 시중에서 쉽게 구입할 수 있는 책을 위주로 소개했습니다. 단 꼭 필요한 경우에는 오래된 번역본이나 절판된 책을 소개하기도 했습니다.

4. 일반인들에게 생소하게 느껴질 수 있는 기독교 용어는 각주에 간략하게 설명해놓았습니다.

5. 원고를 검토하고 조언을 베풀어주신 서울성경신학대학원대학교 이동영 교수님과 참고문헌에 대해 조언해주신 김동문 선교사님께 감사드립니다.

성서
–
차이를 긍정하는 해석

성서의 문자를 절대시하려는 시도는
성서를 종이 교황으로 숭배하는 것이다.

-칼 바르트

"어렸을 때부터 교회에서 성서가 어떠한 오류도 없는 하나님의 말씀이라고
들으며 자라왔지만, 막상 성인이 되어 진지하게 성서를 읽다 보니 도저히 하
나님의 말씀이라고 여길 수 없는 내용이 많다는 사실에 놀라게 돼요. 하나님
이 자신의 백성인 이스라엘 사람에게 정복한 지역에 거주하던 가나안 원주
민을 한 사람도 남김없이 죽이라고 명령하는 부분을 포함해 어떤 내용은 너
무 끔찍해서 내가 알고 있던 성서가 이렇게 야만적인 책이었었나 하는 생각
까지 들 정도니까요. 과연 성서는 우리가 어떤 의심도 없이 문자 그대로 받아
들이고 가감 없이 실천해야 하는 오류 없는 하나님 말씀이 맞나요?"

성서의 놀라운 세계에 들어온 것을 환영한다! 질문이 생기기 시작하는 것을 보니 성서라는 넓고 큰 바다를 향해 진지한 탐험의 길을 떠난 것이 틀림없어 보이는구나. 그리고 지금까지 당연시하던 신념들에 대해 의심하기 시작한 것을 보니 그 항해가 바른길로 향하고 있음도 확실해 보이는구나. 나 역시 네 질문에 충분히 공감한단다. 사실 누구든 성서를 선입견 없이 처음부터 읽게 되면 성서가 문자 그대로 믿고 실천해야 하는 오류 없는 문서라는 가르침에 대해 의심을 품을 수밖에 없어. 오늘은 내가 성서의 대양을 항해해오면서 이 문제에 대해 지금까지 도달해온 몇 가지 결론을 바탕으로 네 첫 질문에 대답해보려고 해.

많은 그리스도인은 성서가 어느 날 하나님께서 인간 저술자에게 나타나 한 구절 한 구절 불러주신 내용을 그대로 받아 적은 책이라고 상상해. 그리고 단 한 군데 오류 없이 완전한 형태로 완결된 하나님의 계시이기에 의심 없이 받아들이고 그대로 실천해야 한다고 생각하지. 그런데 내가 성서를 공부해 오면서 도달하게 된 첫 번째 결론은 성서가 매우 오랜 과정을 거치며 형성되어 온 역사적 문서라는 거야. 우리는 현재 한 권으로 편집된 성서를 공시적 관점에서 읽지만 사실 성서는 고대 근동과 1세기 지중해 세계라는 특정한 시공간 속에서 적어도 몇백년, 길면 천년이상의 세월을 거치며 집적되고 편집되어 오늘에 이르게 된 역사적이고 통시적인 문서야. 그 결

믿음을 묻는 딸에게,

과 유대-기독교의 주요 교파마다 성서로 받아들이는 책의 목록이나 각 책의 배열 순서가 모두 조금씩 다르단다. 중요한 것은 기독교의 하나님이 이렇게 시공간의 제약 속에서 형성된 역사적 문서에 인간을 향한 자신의 메시지를 담아놓았다는 거야. 이는 하나님의 계시는 언제나 역사와 문화라는 옷을 입은 채로만 인간 앞에 모습을 드러낸다는 사실을 의미해.

　　그러다 보니 성서는 다양한 형식과 내용을 지닌 풍성한 책이 되었지만, 시간과 공간 그리고 문화의 간격을 사이에 두고 성서를 대하는 오늘날 우리의 입장에서 볼 때는 모순되거나 이해하기 어렵거나 받아들이기 힘든 부분들도 많이 존재하게 되었어. 이것이 내가 도달한 두 번째 결론이지. 사실 수천 년 전 성서 시대에 살아가던 1차 독자들의 눈높이에 맞춰 쓰인 종교적 문서가 21세기의 세상에서도 그리고 근대 과학이나 역사의 관점에서도 어떠한 오류도 없는 진리여야 한다고 강변하는 것은 한마디로 시대착오적인 난센스라 할 수 있어. 이는 모든 성경이 일점일획의 오류도 없기에 의심 없이 사실로 믿고 문자 그대로 실천해야 한다는 식의 '근본주의적' 성서 읽기가 사실상 불가능하다는 의미야. 나는 이런 생각이 일부 보수적 그리스도인들이 품고 있는 실현 불가능한 소망을 표현한 수사적 표현에 가깝다고 생각해. 예전에 어떤 사람이 성서에서 몇몇 구절을 뽑아 그리스도인들에게 보여주면서 쿠란[1]의 내용이라고 말한 후 반응을 살피는 실험을 한 적이 있었어. 그러자 그 본문들을 접한 그리스도인 대다수는 그들이 본 성서의 내용을 바탕으로 이슬람의 폭력성과 야만성을 성토하면서 분개하더라는 거야. 그 실험은 여기서 끝났지만 나는 사실 그 본문들이 성서의 것으로 밝혀졌을 때 앞서 비난을 퍼부었던 사람들이 어떤 반응을 보였을지 진심으로 궁금하단다. 아마 십중팔구는 '폭력'이나 '야만' 같은 자신의 불경스러운 발언을 철회하고 그 성서의 본문이 어떻게 쿠란과 달리 '진리'가 되는지 설명하기 위해 온갖 노력을 기울일 거야. 그래서 칼 바르트Karl Barth 같은 신학자는 성서의 문자를 절대시하려는 시도를 "성서를 종이 교황으로 숭배하는 것"이라고 일갈했어.

사실 그렇게 근본주의적인 신념을 가진 사람들의 성서 이해를 잘 살펴보면 실제로는 자신이 지닌 신학적·문화적 전제와 맞는 내용을 위주로 성서를 읽고 실천하는 경우가 대부분이더라는 것이 나의 세 번째 결론이야. 이는 한국의 보수 기독교인들이 그렇게 강조하는 '성경주의'[2]가 사실은 수천 년 전 고대 근동의 사회 문화적 맥락에 주어진 성서의 내용 중에서 기복신앙이나 유교적인 가부장 윤리 같이 우리의 독특한 하부 문화와 잘 맞는 부분만을 선별해 믿고 지키려는 일종의

---

1) '쿠란'은 예언자 무하마드에게 전해진 알라의 계시를 집대성한 이슬람교의 경전이다. '코란'이라고도 한다.
2) 성서가 기독교인의 신앙과 행위를 위한 유일하고 오류 없는 규범과 법칙이라는 주장. 보수적 신앙을 견지하는 복음주의 기독교와 진보적 기독교 진영을 나누는 가장 중요한 분기점 중 하나다.

선택적 문자주의에 가깝다는 뜻이지. 여기서 생각해보아야 할 부분은 성서의 핵심 메시지인 '복음'과 그 복음이 담긴 그릇인 '문화'의 관계야. 기독교 선교신학자인 레슬리 뉴비긴 Lesslie Newbigin은 선교사가 성서를 피선교지 부족의 언어로 번역하게 되면, 그때부터 번역된 성서가 그 부족의 전통문화뿐 아니라 선교사들이 전해준 기독교에 대해서도 비판의 근거로 작용하기 시작한다고 말해. 그리고 결국 피선교지 부족 공동체의 문화와 선교사의 문화 모두를 예측 불가능한 변화로 밀어 넣게 된다고 주장하지. 이는 성서의 핵심 메시지인 '복음'이 21세기 대한민국을 포함한 어떤 문화적 환경에서도 번성해오고 있지만, 그 발원지인 고대 팔레스타인 지역의 문화를 포함해 그 어떤 문화와도 동일시될 수는 없다는 뜻이야. 물론 성서와 그 메시지를 품은 문화를 그렇게 정교하게 나눌 수 있는지는 논란의 여지가 있어. 그리고 성서에서 고대 근동의 문화나 그와 유사한 우리의 하부 문화라는 목욕물을 버리려다 보면 자칫 복음이라는 아기까지 버릴 위험성도 분명히 존재하지. 그러나 그 아기를 수호하겠다고 수천 년 묵은 더러운 목욕물까지 복음의 일부라고 강변하는 것은 심각한 지적 게으름이거나 복음의 이름으로 자신들에게 익숙한 문화를 절대화하려는 우상숭배가 될 수도 있단다.

이를 통해 도달한 네 번째 결론은 그리스도인이라면 기독교의 핵심 메시지인 '복음'은 진리로 받아들여야 하겠지만, 그 복음이 현실 속에서 구현된 역사적 기독교의 특수한 형태들―특정 교파나 교리의 체계, 성경 번역이나 해석의 방식들, 예배 형태나 종교 문화―까지 시공을 초월한 객관적이고 절대적인 진리로 여겨서는 안 된다는 거야. 물론 누구도 교파나 교리적 전통의 안내 없이 광대한 성서의 세계를 제대로 탐험할 수 없다는 사실은 분명해. 추리소설 브라운 신부 시리즈의 작가로 유명한 기독교 변증가 체스터튼Gilbert Chesterton은 "아무것도 없는 황무지를 여행할 때보다는 교리와 설계의 숲, 권위가 있는 땅을 여행할 때 훨씬 더 많은 의미를 얻을 수 있는 법"이라고 말하지. 그러나 자신이 속한 기독교 전통에 자부심을 가지는 것을 넘어, 그것만이 성서를 읽고 이해하는 유일하게 옳은 방식이라고 주장하는 것은 지극히 독단적인 태도라 할 수 있어. 이에 대해 기독교 역사가 야로슬라프 펠리칸Jaroslav Pelikan은 『성서, 역사와 만나다』라는 책에서 "성서의 '소유권'을 논하거나 '성서는 누구의 것인가'라고 묻는 것은 그 자체로 주제넘은 일이자 신성모독 행위이며, 오늘날 유대교와 그리스도교의 전 교파 및 비신앙의 눈으로 성서에 접근하는 모든 인류는 성서의 일시적인 소유자이자 종신 세입자"라고 재치 있게 표현했단다.

그래서 나는 성서를 읽고 해석하는 일을 유일한 진리를 찾는 진지한 사명이 아닌 즐거운 놀이로 여기는 것이 좋겠다는 다섯 번째 결론에 도달했어. 나는 성서 공부가 다른 모든 통찰과 대답을 폭력적으로 배제하는 단 하나의 최종적이고 불변하는 '진리'에 도달하려는 분투가 아니라, 서로 다른 사람들의 다양한 통찰을 진실하게 반영하는 '일리' 있는 견해들이 그렇게 많다는 것을 기뻐하면서 살아 있는 '이해의 운동'을 지속해나가는 과정이라고 생각해. 그리고 "나는 아직 누구도 발을 들여놓지 못한 광대한 진리의 바다 앞에서 고작 매끈한 조약돌이나 예쁜 조가비를 남보다 빨리 발견한 것에 기뻐하는 어린아이에 불과했다"는 아이작 뉴턴의 고백이 동서고금의 위대한 신학자들을 포함한 모든 그리스도인의 고백이 되어야 한다고 믿는단다. 구미정 교수는 이런 생각을 "신학이란 살아계신 하나님이 추고 계신 우주적인 춤의 리듬을 타고 유연한 곡선의 스텝을 밟는 것이자, 함께 놀자고 자꾸만 유혹하는 하나님의 부르심에 어린아이처럼 달려가 신나게 뛰어노는 것"이라고 표현하지. 내가 많은 그리스도인이 불편해할 '놀이'라는 용어를 굳이 사용하는 이유는 성서 공부가 놀이이기를 그치고 특정한 도그마 안에서 굳어지게 되면, 누군가를 살리는 데 사용되기보다 나와 다른 사람들을 정죄하고 핍박하는 죽임의 도구로 전락하기 쉽기 때문이야.

문제는, 이렇게 다양하고 풍성하지만 때로는 이해하기 어렵고 모순되는 내용도 많은 성서를 하나님의 말씀을 담은 '경전'으로 읽기 위해서는, 반드시 성서 전체를 일관성 있게 읽어갈 수 있도록 인도하는 '교리' 또는 '해석 원리'의 도움이 필요하다는 거야. 이러한 성서해석의 원리는 성서 전체를 관통하는 키워드가 무엇인지, 어떤 본문을 중시하고 어떤 본문을 가볍게 여겨야 하는지 판단할 기준을 요구하게 된단다. 내 여섯 번째 결론은 바로 이 기준에 대한 것이야. 나는 김근주 교수가 말한 '사랑의 법'과 여성신학자 레티 러셀Letty Russell이 강조하는 '환대의 해석학'이라는 두 가지의 원칙을 기준으로 삼아 성서를 읽으려고 노력하고 있단다.

김근주 교수는 『나를 넘어서는 성경읽기』에서 시대와 역사를 초월해 신구약성서를 관통하는 가장 본질적인 주장이자 해석의 원리는 '사랑의 법'이라고 말해. 그리고 성서의 모든 본문, 특히 차별이나 폭력을 조장하는 본문들은 이 원리에 근거해서 해석되어야 한다고 강조하지. 장로교 목사이자 여성신학자였던 레티 러셀은 『공정한 환대』에서 "환대란 위기에 봉착한 우리 세계를 치유하고 정의를 실현하는 일에 하나님과 함께 참여하기 위해, 차이를 넘어서 낯선 자들과 연대함으로써 하나님의 환영을 실천하는 일"이라고 말해. 그리고 이를 위해 본문으로 괴롭히기(textual harassment)를 통해 타자를 배제하고 억압하는 '차이의 해석학' 대신 하나님의 환대 속에서 사람들을 환영하고 차이를 긍정하는 '환대의 해석학'으로 성서를 읽자고 호소한단다.

여기서 약간 혼란이 생길 수도 있을 것 같구나. 지금까지 교회에서 예수 그리스도를 중심으로 성서를 읽어야 한다고 배워왔을 터이기 때문이지. 맞아. 나도 그 사실에 동의해. 그런데 사실 탄생과 삶, 죽음으로 이어지는 예수 그리스도의 생애 전체를 관통하는 키워드는 바로 '사랑'과 '환대'란다. 일단 기독교인들이 하나님으로 고백하는 예수가 인간이 되어 이 세상에 오신 '성육신(incarnatio)' [3] 자체가 신과 인간, 유한과 무한의 경계를 뛰어넘은 하나님의 환대를 보여주는 사건이야. 그리고 성육신한 예수는 동시대 사람들이 그어놓은 정결과 부정, 포용과 배제의 경계선을 철저히 무너뜨리며, 가는 곳마다 소외되고 배제된 자들을 자신의 나라로 초대하는 환대를 베풀었지. 이러한 예수의 사랑과 환대가 절정에 다다른 것은 신의 아들 예수가 인간을 위해 고난받고 목숨까지 버린 십자가 사건에서였어. 그렇다면 예수 그리스도야말로 인간을 향한 하나님의 사랑과 환대의 절정일 뿐 아니라, 이 사랑과 환대를 가능케 하신 분이라고 말할 수 있을 거야. 이제 둘 사이에서 어떤 쪽을 선택할지 굳이 고민해야 할 필요는 없겠지?

이 원칙들은 자연스럽게 성서 읽기에 대한 일곱 번째 결론으로 이어지게 돼. 바로 성서의 문자를 절대시하기보다 그 정신에 집중하면서 끊임없이 성서를 창조적으로 재해석해야 된다는 거야. 사실 성서를 조금 깊이 공부해보면 계시의 말씀

---

3) 성육신(成肉身, incarnation)은 하나님이신 예수가 인간을 구원하기 위해 인간으로 세상에 태어났다는 기독교의 중요한 교리다.

이 시간과 상황의 변화에 따라 계속 창조적으로 재해석되고 있다는 사실을 발견할 수 있어. 오늘날 성서를 연구하는 대부분의 학자는 예수의 삶과 가르침을 기록한 문서인 복음서가 네 권이 된 이유가 초기 그리스도교 공동체들이 자신들이 전해 받은 그리스도의 복음을 각자의 삶의 자리에서 새롭게 재해석하면서 발전시켜 왔기 때문이라는 사실에 동의하고 있단다. 사실 이렇게 끊임없는 재해석이 일어난다는 사실이야말로 하나님이 살아 역사하신다는 증거라 할 수 있지. 이와 관련해 로완 윌리엄스Rowan Williams나 김근주 교수 같은 신학자들은 우리가 오늘날의 관점에서 이해할 수 없거나 용납할 수 없는 성서 본문을 만났을 때 무조건 문자 그대로 순종하려 하거나 우리의 선입견에 본문을 꿰맞추려 하기보다는, 삶의 복잡성과 성서해석의 다양성을 인정하는 겸손한 마음으로 본문을 깊이 숙고해서 문자 뒤에 존재하는 본질적인 정신을 찾고 성서 시대의 사람들보다 더 나은 순종의 길을 추구해야 한다고 강조하고 있어.

성서해석에 대한 내 여덟 번째 결론은 성서 읽기의 궁극적 과제가 영구불변한 정통교리(orthodoxy)를 찾는 것이라기보다, 지금 여기서 가장 올바른 실천의 길(정통실천, ortho-praxis)이 무엇인지 발견하는 일이라는 거야. 철학자 김영민 선생은 『당신들의 기독교』에서 "그리스도인들이 실제로는 자기 자신을 믿는 사람에 불과한 '신자'의 길을 포기하고, '제자'의

길, 그러니까 어렵사리 몸을 끄-을-고 예수를 따라 종교에서 삶으로, 내세에서 현실로, 종말론적 환영에서 지금 이것으로, 고백에서 행위로 나아가는 삶의 양식"을 갖추어야 한다고 강조하지. 나는 우리 시대에 예수를 따르는 기독교인들이 관심을 기울여야 할 가장 중요한 실천의 주제는 앞에서 언급했던 '사랑'과 '환대'라고 생각해. 그래서 최근 들어 '환대'라는 주제에 천착하는 저자를 많이 접해왔지. 이 스승들은 이방인이나 소수자 또는 비인간 생명체까지를 포함한 모든 타자에게 우리가 사는 세상 안에서 어떠한 조건도 없이 그 누구도 빼앗을 수 없는 자리를 마련해주는 '절대적 환대'야말로, 21세기의 다원적 세상에서 살아가는 예수의 제자들에게 주어진 가장 중요한 실천의 과제 중 하나임을 깨닫게 해주었단다. 이 주제는 나중에 좀 더 상세히 나누도록 하자.

아홉 번째이자 내 마지막 결론은 우리의 성서 읽기가 '개인'과 '교회'의 울타리를 넘어 사회 정의와 공공의 번영 그리고 평화의 비전이라는 '공공'의 영역까지 확장되어야 한다는 거야. 그리스도인들은 신앙 공동체의 일원일 뿐 아니라 민주공화국의 시민들이며, 기독교의 하나님은 교회의 하나님일 뿐 아니라 모든 세상의 주(主, Lord)이시기도 하기 때문이지. 이 주제와 관련해 내게 중요한 실천의 지침을 가르쳐준 스승은 신학자들이 아닌 미국의 프래그머티즘 철학자 리처드 로티Richard Rorty와 영국의 사회철학자 칼 포퍼Karl Popper야. 로

티는 공적인 실천의 장은 내가 사적으로 확신하는 궁극적 진리를 적용하기 위한 실험의 장이 아니라, 우리가 처한 긴급한 현실의 문제를 해결하기 위한 차선책을 찾는 타협과 연대의 장이 되어야 한다고 주장해. 이는 철학자 칼 포퍼가 그의 유명한 책인 『열린사회와 그 적들』에서 '점진적 사회공학'이라고 표현한 바로 그 방식이기도 해. 포퍼는 기독교를 포함해 어떤 종교나 이데올로기가 기반이 된 경우에도, 궁극적 진리라는 자신들의 이상에 맞춰 모든 악을 뿌리 뽑고 세상을 완전히 개조하겠다는 '유토피아적 사회공학'의 방식은 예외 없이 비타협적 급진주의와 전체주의로 귀결되면서 결국 이 세상에 또 하나의 지옥을 만들 뿐이라고 경고하지. 나는 타협과 연대를 통해 긴급한 문제를 해결함으로써 공공선을 이루어가려는 로티와 포퍼의 방식이야말로, 다원화된 사회에서 기독교를 믿지 않는 사람들과 함께 살아가야 하는 그리스도인들이 가져야 할 가장 적절한 사회적 실천의 태도라고 믿고 있단다.

이제 우리 이야기를 마칠 때가 된 것 같구나. 어떤 교리나 성서해석의 방식도 성서의 다양성과 풍성함, 복잡함과 난해함을 완전히 담아낼 수 없다는 사실을 기억하라는 것, 성서읽기란 언제나 특정 역사와 문화의 영향을 받을 수밖에 없다는 사실을 인정하면서 내가 서 있는 자리가 지금 이 시대에 좀 더 성서를 적절히 읽을 수 있는 자리인지 끊임없이 성찰하라는 것, 그리고 이를 위해 다른 신앙의 전통을 지닌 사람들이나 비기독교인들이 성서에 대해 말하는 것에 대해서도 열린 마음으로 귀 기울이는 지혜로운 성서 독자가 되라는 것. 이 세 가지가 이제 막 성서의 대양을 향한 항해에 나서려는 네게 주는 조언이야. 부디 성공적인 항해를 통해 성서 안에 있는 놀라운 세계를 발견하고 삶과 믿음의 지평이 넓어지며 궁극적으로는 초월과 신성의 세계로 점점 더 가까이 다가가게 되길 바랄게!

도움 책

∾ 김근주, 『나를 넘어서는 성경읽기』, 성서유니온, 2017
  21세기를 살아가는 한국의 그리스도인들이 성서를 어떻게 읽고 이해하며 실천해야 할지 명쾌하게 알려주는 안내서.
∾ 레티 M. 러셀, 『공정한 환대』, 여금현 옮김, 대한기독교서회, 2012
  저자는 환대란 낯선 사람에 대한 하나님의 환영을 실천하는 일이며, 이를 위해 '환대의 해석학'으로 성서를 읽어야 한다고 강조한다.
∾ 로완 윌리엄스, 『그리스도인이 된다는 것』, 김기철 옮김, 복있는사람, 2015
  그리스도인의 삶을 구성하는 네 가지 핵심 요소인 세례, 성경, 성찬, 기도에 대해 아름다운 문장으로 간결하지만 깊이 있게 해설한다.
∾ 야로슬라프 펠리칸, 『성서, 역사와 만나다』, 김경민·양세규 옮김, 비아, 2017
  유대교와 그리스도교의 경전인 성서가 어떻게 형성되었고 어떤 과정을 거쳐 모든 인류의 고전으로 자리 잡게 되었는지 흥미진진하게 서술한 책.
∾ 철학아카데미, 『처음 읽는 영미 현대철학』, 동녘, 2014
∾ 유시민, 『국가란 무엇인가』, 돌베게, 2011
  리처드 로티와 칼 포퍼의 사상에 대한 짧지만 명쾌한 해설을 만나볼 수 있다.

제자도
–
하나님 없이 하나님과 함께

우리가 이 세상의 구석구석에 스며들도록 세상의 잔을 마실 때라야
십자가에 달리고 부활하신 주께서 우리와 함께하실 것이다.
–디트리히 본회퍼

"대학에 들어간 후로 교회나 기독 동아리에서 그리스도인은 십자가를 지고 예수를 따르는 제자가 되어야 한다는 말을 부쩍 많이 들어요. 한 선배의 권유로 '제자훈련'이라는 훈련 모임에도 참여하기 시작했고요. 그런데 조금 지나보니 제자가 된다는 것은 결국 예배 잘 참석하고 교회 생활 잘하는 성실한 교인으로 살아가는 것이거나 기독 동아리의 신실한 리더로 섬기는 일이라는 결론으로 빠지는 것 같아 조금 실망스럽네요. 과연 제자가 된다는 것은 오직 '종교적'인 활동에 열심을 내는 사람이 되는 건가요? 그렇다면 그리스도의 제자가 되는 것과 교회 열심히 다니는 교인이 되는 것은 어떤 차이가 있죠?"

그리스도인은 모순된 두 길을 걷도록 초대된 사람들이라고 할 수 있어. 예수 그리스도의 십자가 죽음이 성취한 죄 사함을 통해 어떠한 인간적인 노력도 요구되지 않는 전적 은혜로 구원을 얻는 '성도'의 길, 그리고 훈련과 고난이라는 무거운 짐을 지고 먼저 십자가를 지신 그리스도를 따라 평생을 험난한 순례의 도상에서 보내야 하는 '제자'의 길이 그것이지. 너도 알다시피 개신교는 '오직 믿음으로(sola fide)'를 기치로 종교개혁을 일으킨 자신들의 비조 마르틴 루터Martin Luther를 따라 전통적으로 전자 쪽에 강조점을 두어왔단다. 그래서 한 세대 전만 해도 '제자도' 또는 '제자훈련'은 일부 대학생 선교단체에서나 익숙했던 용어였을 뿐, 일반 교회에서는 생소했거나 심지어 의심의 눈초리를 사기 일쑤였던 것이 현실이었지.

사실 제자도(Nachfolge)라고 하는 말은 네가 들었던 것처럼 교회 활동에 열심히 참여하는 착한 교인이 되는 것으로부터 가족과 재산을 포기하고 독신으로 수도 생활에 전념하는 것에 이르기까지, 극과 극에 위치한 광범위한 기독교적 삶과 실천의 방식에 적용될 수 있는 포괄적인 용어야. 그리고 그 차이는 과연 그리스도인이 져야 할 '십자가'가 무엇인지, '그리스도를 따르는 것'이 과연 어떠한 삶의 방식을 의미하는 것인지에 대한 생각의 차이에 따라 갈리게 된다고 할 수 있지. 나 역시 젊은 시절 제자도라는 말을 접한 후 매혹적이지만 두려운 이 말이 가리키는 실체가 무엇인지 계속 탐구해왔단다.

그리고 그 과정에서 만난 스승들 중 가장 낯설고 불편했지만 가장 인상적이기도 했던 분은 독일 신학자 디트리히 본회퍼 Dietrich Bonhoeffer였어.

본회퍼는 나치 시대에 히틀러 암살 계획에 가담했다가 발각되어 제2차 세계 대전이 끝나기 직전 형장의 이슬로 사라 졌다는 이력 때문에 보수와 진보를 막론하고 모든 진영에서 두루 존경받는 드문 그리스도인이야. 그렇지만 사실 '비종교 적 기독교'나 '타자를 위한 존재' 같은 용어들로 대표되는 제 자도에 대한 그의 가르침은 어떤 그리스도인이라도 쉽게 수 용하기 힘들 정도로 급진적이지. 우리가 받아들이는 것은 본 회퍼의 순교자적 '이미지'일 뿐 그의 급진적인 '가르침'은 아니라고까지 말할 수 있을 정도야. 그럼에도 나는 '제자도 (Nachfolge)'에 대한 본회퍼의 가르침이야말로 21세기를 살아 가는 한국의 그리스도인들이 깊이 숙고하고 적극적으로 수용 해야 할 귀한 유산이라고 확신하고 있단다.

본회퍼의 제자도 이야기는 "세상이 성인(成人)이 되었 다"는 인식에서 출발해. 이 말은 과학을 통해 과거에는 상상 할 수도 없었던 힘과 지식을 얻게 된 현대인들이 이제 '종교' 나 '하나님'이라는 작업가설 없이도 얼마든지 세상을 설명하 고 꾸려나갈 능력을 갖추게 되었다는 의미야. 과거의 인류가 신적 창조자라는 가설 없이 우주의 기원과 생명의 탄생과 같 은 주제에 어떠한 설명도 할 능력이 없었다면, 빅뱅 우주론이나 진화론 같이 정교한 현대 과학 이론으로 무장한 현대인은 굳이 신이라는 존재를 가정하지 않고도 세상과 생명의 기원을 얼마든지 설명할 수 있게 되었지. 성서는 두렵고 떨리는 인류 종말의 날에 하나님이 행하실 우주적 심판을 준엄하게 선포하지만, 핵무기를 가진 현대인은 이미 스스로를 '핵 대학살에 의한 종말'이라는 파국으로 이끌 능력을 소유하고 있어. 인류는 이제 오직 하나님께만 부여되었던 묵시적인 파멸의 능력까지 손에 쥐게 된 거야. 바로 이것이 본회퍼가 말한 성인됨의 의미야.

그런데 대부분의 전통적인 기독교인들은 성인이 된 세상을 애써 외면한 채 아직도 '인간의 철저한 무능'이라는 전통적 교리의 모래 더미 속에 머리를 파묻고 있어. 그리고 인간이 아직 도달하거나 해결하지 못한 영역에 거하신다고 생각되는 '틈새의 하나님(God of the gap)'만을 필사적으로 찾아다니고 있지. 문제는 과학이 발전하고 세상이 좋아질수록 그런 하나님이 존재할 '틈새'가 점점 사라져간다는 거야. 결국 이런 종교는 없는 틈새를 만들기 위해 과거를 필사적으로 미화하면서 세상이 점점 악해져왔을 뿐이라고 강변하거나, 하나님을 불가항력의 고난이나 죽음 같은 마지막 틈새 즉 인간의 마지막 한계 상황을 해결해주는 해결사(기계 장치의 신, *Deus ex machina*)로 만드는 길로 갈 수밖에 없어. 그리고 이렇게 성인된 세상을 거부하고 해결사 하나님을 고집하는 기독교는 점점 살아 있는 자들의 세상에서 입지를 잃어버린 채, 누군가의 죽음과 고난을 자양분으로 해서만 존속이 가능한 '죽어가는 자의 종교'로 전락해갈 수밖에 없게 되지. 젊은이들이 사라진채 심각한 노령화가 진행되고 있는 한국교회 모습이 그 증거라고 할 수 있을 거야.

본회퍼는 이렇게 성인이 된 세계를 '무종교의 시대'라고 규정해. 그리고 이런 세계에서 기독교는 '비종교적 기독교'가 되어야 한다고 주장하지. 여기서 '종교'란 "전능하고 초월적인 하나님에 대한 형이상학적 해석과 인간의 영혼이 처한 죽음의 운명에 대한 관심에 기초를 둔 기독교"를 의미해. 위에서 언급했듯이 전통적인 기독교가 마지막까지 붙잡으려고 애쓰는 바로 그 '종교'지. 문제는 기독교가 이러한 종류의 '종교성'에 근거해 세워지게 되면 성인이 되기를 거부하면서 '해결사 하나님'이나 그 대리인을 자처하는 전문 종교인들만 바라보는 미성숙한 교인들만을 양산하게 된다는 거야. 그러나 본회퍼는 성인이 된 세상 속에서 하나님은 어린아이에게 하듯 매사를 시시콜콜 간섭하고 지시하는 분이 아니라, 성인이 된 인간에게 세상을 맡기고 마치 계시지 않는 것 같은 약함과 무력함 속에 존재하는 분이라고 말해. 성인이 된 세상에는 더 이상 문제가 생길 때마다 언제나 소환할 수 있는 '임시방편'이나 '램프의 지니' 같은 하나님이 존재하지 않으며, 인간은 스스로의 발로 대지를 굳게 디디고 서서 하나님이 그들에게 위임한 세상 안에서 벌어지는 문제에 용감하고 의연하게 대처하는 책임 있는 존재로 살아야 한다는 거지.

　본회퍼에 따르면 이렇게 성숙한 세상 안에서는 그리스도를 따르는 제자의 삶이 더 이상 종교의식에 참여하거나 초월적 황홀경을 체험하거나 윤리적 계명을 준수하는 것을 그 핵심으로 갖지 않아. 그리스도는 인간을 종교가 아닌 삶으로 부르셨으며, 그리스도인이 제자로 부름받은 자리는 황홀한 피안이나 은혜로운 교회가 아니라 거칠고 죄악으로 가득 찬 세상 한가운데이기 때문이지. 이런 세상에서는 하나님이 더 이상 신학적 개념이나 교회라는 울타리에만 머무시지 않고 오히려 세속의 한복판에 초월자로 좌정하고 계시기에 제자의 삶 역시 세상 속에서 살아가면서 세속 한가운데 계시는 하나님을 섬기는 일로 새로 정의되어야 한다는 거야. 본회퍼는 이러한 생각을 "우리가 이 세상의 구석구석에 스며들도록 이 세상의 잔을 마실 때라야 십자가에 달리고 부활하신 주께서 우리와 함께하실 것"이라는 말로 표현하고 있단다.

　그렇다면 과연 어떻게 사는 것이 세속 가운데 계시는 하나님을 섬기며 제자로 살아가는 길일까? 본회퍼는 제자의 핵심적 표지가 세상 한가운데서 그리스도의 고난에 참여하며 '타자를 위한 존재'로 살아가는 삶이라고 강조해. 그리스도의 구원이 아무 대가도 요구되지 않았던 '값싼 은혜(billige Gnade)'가 아니라 하나님이 그의 아들을 죽음에 내어준 결과

얻어진 '값비싼 은혜(teuere Gnade)'였기에 그 은혜를 받아들이는 성도에게도 삶과 죽음의 전 과정을 대가로 지불하며 '타자를 위한 존재'로 살아갔던 그리스도를 따라가는 삶이 요구된다는 거야. 그리고 그리스도의 고난과 죽음이라는 값비싼 은혜를 통해 '공동체로 존재하는 그리스도'로 빚어진 교회 역시 세상을 위해 고난당하신 그리스도를 따라 희생과 고난으로 세상을 섬기는 '세상을 위한 교회'가 되어야 한다는 거야. 본회퍼는 이러한 자신의 제자도를 "그리스도께서 사람을 부르실 때는 그로 하여금 와서 죽으라고 명령하시는 것이다"라는 강렬한 한마디로 요약했단다.

여기까지만 보자면 본회퍼가 지나치게 세상만을 강조하고 교회의 존재를 무시하거나 소홀히 여긴다고 생각할 수도 있어. 그러나 본회퍼는 교회 공동체의 존재와 중요성을 결코 부정하지 않아. 그는 그리스도인들이 세상에서 제자의 삶을 살아가기 위해서는, 교회 공동체 안에서 함께 기도와 예배와 섬김으로 교제하는 은밀한 경건의 훈련이 필수적이라고 역설하고 있단다. 그의 유명한 책 『성도의 공동생활』은 그리스도인 공동체 내에서의 예배와 교제와 섬김의 삶에 대한 아름답고 인상 깊은 가르침으로 가득하지. 본회퍼가 강조하는 점은 이러한 성도 간의 사귐과 훈련이 교회 내에서만 머무르거나 교회 자체를 위해서만 소비되어서는 안 되며, 반드시 공동체의 울타리를 넘어 세상 한가운데서 '세상'을 섬기는 데까지 나아가야 한다는 거야.

　결국 본회퍼는 성숙한 세상에 사는 그리스도인들이 세계와 역사에 대한 전적인 책임을 받아들이면서, 성도 이전에 참된 인간으로 세상 한가운데서 삶과 행동을 통해 예수 그리스도를 전하는 증인이 되어야 한다고 말해. 그리스도의 제자들은 성인이 된 세상에서, 하나님 없이 하나님 앞에서 하나님과 함께 그리고 '공동체로 존재하는 그리스도'인 교회의 일원으로, 십자가를 지신 그리스도의 섬김과 고난을 기꺼이 따라가며 세상을 위한 존재로 살아가야 한다는 것이지. 본회퍼는 히틀러의 압제가 본격화될 무렵 신변을 염려한 친구들의 도움으로 안전한 미국에 초청받아 머무르게 되었단다. 그러나 그는 압제받는 그리스도인들과 함께하면서 고통받는 세상을 섬겨야 한다는 일념으로 친구들의 만류를 뿌리치고 위험천만한 독일로 돌아가는 길을 선택했어. 그리고 "미친 운전자가 차를 몰고 있다면 기독교인의 본분은 차에 치인 사람의 장례를 치르는 것이 아니라 그 운전사를 끌어내리는 것이다"라는 말과 함께 히틀러 암살 계획에 가담한 끝에 용감하고 의연하게 형장의 이슬로 사라지고 말았지. 본회퍼야말로 세상을 위한 고난과 섬김이라는 자신의 가르침을 목숨까지 내어주며 몸으로 실천해낸 진실한 그리스도의 제자였다고 할 수 있어.

　그러나 하나님 없이 하나님과 함께 세속 한가운데서 그리스도의 제자로 살아가려 했던 본회퍼의 소망과 달리, 21세기에도 그가 과거의 유물로 치부했던 '영성'과 '종교(들)'는 여전히 번성하고 있단다. 심지어 본회퍼로부터 시작된 세속화 신학의 적자로 하나님이 계시는 곳은 종교적이라고 여겨지지 않는 세속의 한복판이라고 주장했던 『세속도시』의 스타 신학자 하비 콕스Harvey Cox조차 후기작인 『종교의 미래』에서는 21세기가 새로운 종교적 부흥의 시대이자 성령의 시대가 될 것이라는 놀라운 전향 선언을 했지. 그는 전통적 기독교 신학에 대한 가장 큰 도전은 더 이상 '신의 죽음'으로부터 오는 것이 아니라 '신들의 재탄생'으로부터 올 것이라고 단언한단다. 과연 우리는 '저승'과 '귀신' 같은 영적 세계의 판타지들이 단골로 등장하는 21세기의 대중문화 속에서, 그리고 온갖 종류의 점을 보러 다니는 것이 일종의 문화 트렌드처럼 굳어져버린 젊은이들의 행태 속에서, 수많은 '신화들' 그리고 '신들과 여신들'의 귀환을 목도하고 있어.

그렇다면 영성과 종교가 부흥하는 시대를 맞아 본회퍼는 이제 용도 폐기되어야 할 실패한 선지자가 되고 만 것일까? 성인이 된 세상에서 인간은 하나님 없이 하나님과 함께 책임적 존재로 살아가게 될 것이라는 본회퍼의 소망은 허튼소리였거나 신성모독에 불과했던 것일까? 인간은 결코 성인이 되지 못한 채 영원히 신의 절대 의지에 복종할 자유만을 가진 '신의 어린이'로 살아야 할 운명을 타고 난 것일까? 나는 그런 생각에 동의하지 않아. 콕스의 말대로 우리 시대에 '영적인 것'에 대한 관심이 증가하고 있는 것은 사실이지만, 기독교를 포함해 주류 종교를 믿는다고 고백하는 사람들의 비율은 계속 감소하고 있어. 이제 사람들이 요구하는 '신'은 더 이상 진리의 영역에 좌정해 있는 절대자가 아니라, 필요할 때마다 언제나 불러내 유흥거리로 소비할 수 있는 가벼운 존재일 뿐이지. 그런가 하면 교회에는 '영생'을 얻는 대가로 기꺼이 성숙을 포기해버린 피터 팬들과 그들을 이용해 자신의 야심을 채우려는 종교업자들이 넘쳐나고 있지. 나는 이렇게 '신'과 '거룩'마저도 욕망 충족을 위한 소비의 대상으로 삼아버린 우리 시대의 모습이야말로 세속화의 극한을 보여주고 있다고 생각해. 그리고 지금이야말로 그리스도인이 "하나님 없이 하나님과 함께" 경건한 제자의 삶을 살기로 결단할 때라고 확신한단다.

물론 이런 생각은 전통적이고 보수적인 신앙을 가진 그리스도인에게는 매우 불경스럽게 느껴질 거야. 그들 대부분은 기독교 신앙의 핵심이 하나님에 대한—실제로는 하나님의 권위에 힘입은 특정한 개인이나 교리체계—절대적 순종이라고 배우고 믿어왔을 테니까. 나는 그들에게 이런 질문을 하며 오늘의 이야기를 마치고 싶단다. 어디서나 습관적으로 하나님의 이름을 부르지만 실제로는 하나님을 자신의 욕망이나 문제를 해결해주는 램프의 지니로 여기는 '경건한' 사람과, 종교적인 언사를 자주 입에 담지는 않지만 삶의 모든 영역에서 섬김과 희생과 고난이라는 그리스도의 정신을 실천하며 책임적 존재로 살아가는 '세속적인' 사람 중 과연 누가 참된 그리스도의 제자일까? 혹시 신약성서 마태복음에 나오는 "내 형제 중 지극히 작은 자 가운데 하나에게 한 것이 곧 내게 한 것"[4]이라는 유명한 예수의 말이 바로 그 대답이 되지 않을까?

---

4) 신약성서 마태복음 25장 40절

도움 책

∞ 디트리히 본회퍼, 『옥중서신-저항과 복종』 김순현 옮김, 복있는사람, 2016
∞ 디트리히 본회퍼, 『나를 따르라』 손규태·이신건 옮김, 대한기독교서회, 2010
∞ 디트리히 본회퍼, 『성도의 공동생활』 정현숙 옮김, 복있는사람, 2016
  '성인이 된 세계', '무종교적 기독교', '값싼 은혜', '세상을 위한 교회' 등 제자도에 대한 본회퍼의 중요한 생각을 살필 수 있는 그의 대표작.
∞ 하비 콕스, 『세속도시』 이상률 옮김, 문예출판사, 2020
∞ 하비 콕스, 『종교의 미래』 김창락 옮김, 문예출판사, 2010
  한때 본회퍼로부터 시작한 세속화 신학의 적자였던 하비 콕스의 극적인 '전향'을 잘 보여준다. 첫 번째 책에서 하나님이 세속 한 가운데 존재하시는 분이라고 주장했던 콕스는 나중에 쓴 두 번째 책에서 새천년이 종교의 부흥과 성령의 시대가 될 것이라고 강조한다.
∞ 리처드 포스터, 『영적 훈련과 성장』 권달천·황을호 옮김, 생명의 말씀사, 2009
∞ 데이빗 왓슨, 『제자도』 문동학 옮김, 두란노, 2004
  묵상, 기도, 예배, 전도, 금식, 단순한 삶, 섬김 등 좀 더 전통적이고 종교적이며 개인적 색채가 강한 제자도의 주제를 해설하는 이 분야의 고전.

믿음을 묻는 딸에게,

세계관
–
기독교 세계관과 세계기독교

사랑을 잃고 두려움에 빠진 채 혐오와 차별을 조장하는
독선적이고 대결적인 근본주의 신학이
기독교 세계관이라는 이름으로 한국에 퍼져 있다.

–전성민

"최근 '기독교 세계관'에 대한 설교를 들을 기회가 있었어요. 그 목사님은 구원받은 그리스도인은 모두 기독교 세계관으로 무장해 타락하고 세속화된 이 세상의 문화를 모두 그리스도께로 돌아오게 해야 한다고 역설했어요. 그 설교를 들으면서 명쾌한 비전과 세상을 바꾸려는 열정에 매력을 느꼈지만, 기독교와 관계없는 모든 것들을 가치 없는 죄악 덩어리라고 여기는 점에서는 거부감이 들기도 해요. 게다가 그들이 원하는 바뀐 세상의 모습은 너무 답답하고 고리타분해 보여요. 과연 기독교 세계관이란 무엇인가요? 그리고 세계관에 관련된 이야기들을 어디까지 받아들여야 하나요?"

어떤 운동이나 사상도 하늘에서 갑자기 떨어지는 경우는 없어. 네가 최근에 접했던 기독교 세계관 역시 마찬가지지. 사실 기독교 세계관은 젊은 시절 나를 강력하게 사로잡았던 운동이었단다. 그런데 한 세대가 지난 지금 내 신앙의 나침반 역할을 하는 운동은 '기독교 세계관'이 아니라 '세계기독교'야. 단어의 순서만 바뀌었을 뿐 비슷해 보이는 이 두 운동은 시간의 흐름과 함께 변화된 세상을 보여줄 뿐 아니라, 그 세상에서 기독교가 어떤 종교가 되어야 하는지에 대한 바뀐 통찰을 담고 있기도 하지. 그리고 이 변화는 '좋은 기독교'에 대한 내 생각의 변화를 대변하기도 해. 나는 이 변화가 내 개인의 경험을 넘어 아직도 과거의 미몽에서 깨어나지 못하고 있는 오늘날의 한국 기독교인들에게도 많은 시사점을 던져준다고 믿고 있단다. 그래서 '기독교 세계관'과 '세계기독교'라는 기독교의 두 운동 또는 흐름을 살펴보려고 해.

1980년대 후반에 대학을 다닌 나는 '기독교 세계관' 세대라 할 수 있어. 그 시절 젊은 그리스도인들을 중심으로 기독교 세계관이라는 생소한 운동이 관심을 끌게 된 이유는 세상과 교회, 삶과 종교 사이의 '이원론'이라는 문제 때문이었지. 내가 네 나이였던 무렵 우리나라는 군인 출신 대통령들에 의해 자행되는 엄혹한 독재체제 아래 신음하고 있었어. 정의감에 불타는 학생들은 매일같이 시위에 참여했고 교정은 날마다 최루탄 냄새로 가득했지. 그러나 교회는 시위를 빨갱이의 일로 치부하면서 "이 세상은 내 집 아니네"라는 구호와 함께 세속과는 담을 쌓고 오직 종교 생활에만 몰두할 것을 요구했단다. 죄로 인해 어차피 멸망할 수밖에 없는 세상에 미련을 갖는 것보다 그 세상에서 사람들을 건져내 교회라는 구조선에 태우는 것이야말로 그리스도인들의 유일한 사명이라는 생각이 이러한 이원론의 토대였지. 내가 한국에서 세계관 운동을 촉발한 책 중 하나인 제임스 사이어James Sire의 『기독교 세계관과 현대사상』을 만난 것은 바로 그때였어.

사이어는 이 책에서 세계관이란 "이 세상의 근본 구성에 대해 우리가 의식적으로든 무의식적으로든 견지하고 있는 일련의 전제이며, 우리가 살고 움직이고 몸담을 수 있는 토대를 제공해주는 하나의 결단이요 마음의 지향이다"라고 정의해. 그리고 잘 갖추어진 세계관은 참된 최고의 실재는 무엇인가, 인간은 무엇인가, 인간의 사망 시에 어떠한 일이 일어나는가, 도덕의 기초는 무엇인가, 인간 역사의 의미는 무엇인가라는 다섯 가지의 질문에 대한 근본적 해답을 가지고 있어야 한다고 주장하지. 그는 이 책에서 기독교 유신론을 포함해 이신론, 자연주의, 허무주의, 실존주의, 동양 범신론적 일신론, 뉴에이지, 포스트모더니즘 같은 다양한 세계관의 체계를 소개한단다. 그리고 다른 모든 세계관은 심각한 결점을 지니고 있으며 결국 허무주의로 귀결될 수밖에 없지만, 기독교 유신론만은 세상을 일관성 있게 설명할 뿐 아니라 삶의 의미와 가치도 잘 보여준다는 결론에 도달해. 한마디로 기독교는 단순히 종교가 아니라 기독교 유신론이라 불리는 세계관의 체계이며, 이 체계야말로 우주의 기원과 역사의 목적 그리고 삶의 의미를 일관적이면서도 설득력 있게 설명하는 유일하게 옳은 세계관이라는 거야.

사이어를 포함해 대부분의 세계관 저자들은 기독교 세계관이 세상을 바라보는 해석적 틀로 창조-타락-구속이라는 도식을 제시해. 간략하게 말하자면 선하신 하나님이 세상을 선하게 창조했지만(창조), 피조물의 대표인 인간이 죄를 범해 창조 세계 전체가 심판 아래 놓이게 되었으며(타락), 그리스도의 십자가 사건으로 인해 피조물 전체가 원래의 선한 창조 질서로 회복되는 계기가 마련되었다는 거야(구속). 그리고 기독교인이 된다는 것은 단순히 기독교의 하나님을 받아들이고 정기적으로 종교 생활에 참여하는 것을 넘어, 이러한 기독교 세계관의 체계를 의식적으로 받아들이는 일까지로 확장되어야 한다는 것이 기독교 세계관 운동의 핵심적인 주장이야. 사실 이들은 한국교회의 절대다수를 차지하는 장로교의 신학적 전통인 개혁주의가 세상을 바라보는 방식이기도 하단다. 생소했던 기독교 세계관 운동이 큰 거부감 없이 한국교회에 자리 잡을 수 있었던 데에는 이러한 유사성도 한몫했다고 볼 수 있어.

일단 이렇게 기독교 세계관의 전제를 받아들이게 되면 그때부터 삶의 모든 하부 영역에 기독교의 이름이 붙은 수많은 '관'들을 정립하는 것이 신앙의 목표가 돼. 정치관·경제관·사회관·문화관·과학관에서부터 연애관·결혼관·가족관에 이르기까지, 삶의 모든 분야에서 창조-타락-구속이라는 기독교 세계관의 프레임에 따라 기존의 세속적인 생각을 창조의 선한 정신에 맞추어 '기독교적' 관점으로 바꾸는 방대한 작업을 벌여야 한다는 거야. 그리고 기독교인의 목표는 단순히 믿어서 천국에 가는 것이 아니라 이렇게 수많은 '관'들을 확립하고, 이러한 기독교 세계관의 가르침에 따라 세상의 모든 영역을 기독교적으로 변화시키는 데까지 확장되어야 한다는 것이지. 기독교 세계관의 선구자 중 한 사람인 네덜란드의 개혁주의 신학자 아브라함 카이퍼Abraham Kuyper는 이러한 생각을 "만물을 통치하시는 그리스도께서 인류의 모든 삶의 영역 중 자신의 것이 아니라고 말씀하시는 영역은 단 한 부분도 존재하지 않는다"라는 유명한 말로 요약했단다.

이렇게 교회-세상의 이원론을 극복하고 온 세상에 한 분이신 그리스도의 주되심을 실현하겠다는 기독교 세계관의 총체적이고 웅장한 비전은 엄혹한 시대에 종교 생활과 사회참여 사이에서 갈등하던 내 마음을 단박에 사로잡았어. 나는 곧 기독교 세계관에 관한 책들을 찾아 탐독하기 시작했고, 제임스 사이어나 프란시스 쉐퍼Francis Schaeffer, 아브라함 카이퍼 같은 기독교 세계관의 저자들은 내가 탐닉했던 이 운동의 수석 사제들로 등극했지. 그리고 기독교 세계관에 대한 이러한 관심은 인문·사회·예술·과학을 포함한 서구 문명 전 분야에 대한 탐구로 이어졌단다. 공부가 거듭될수록 서구 문명에 대한 이해 없이 기독교 세계관과 관련된 담론을 제대로 이해하는 것은 불가능에 가깝다는 사실을 깨닫게 되었기 때문이야. 기독교 세계관에 대한 관심이 시들해진 지금에 와서 돌아보면 기독교 세계관 운동이 내게 준 가장 큰 선물은 바로 서구 문명 전반에 대한 다양한 독서가 가져다준 풍성한 지적 유산들이었다고 할 수 있을 것 같구나.

그러나 시간이 지나면서 내 눈에는 그처럼 열광했던 '기독교 세계관'의 문제점들이 보이기 시작했어. 무엇보다 기독교 세계관의 트레이드마크인 창조-타락-구속이라는 도식 자체가 단순히 성서의 세계관을 서술한 신학적이고 탈 역사적인 설명의 틀이라기보다, 잃어버린 '기독교 세계(christendom)'를 회복하려는 19세기 서구 그리스도인들의 고민을 담은 담론의 일부라는 사실을 깨닫게 된 것이 결정적이었어. 창조-타락-구속이라는 기본 틀 자체가 오랫동안 주류의 자리를 차지했던 서구 기독교가(창조), 프랑스혁명을 기점으로 지속적으로 진행되어 온 서구의 세속화에 맞서(타락), 다시 한번 기독교 세계를 회복시키기 위해 시행한 프로젝트(구속)였다는 사실을 깨닫게 된 것이지. 물론 아까도 지적했듯 창조-타락-구속이라는 도식 자체는 크게 보자면 장로교 개혁주의 신학의 세계관인 것이 맞아. 그러나 이 틀이 새삼스럽게 강조되고 더 정교한 형태로 다듬어지게 된 계기가 19세기 서구 그리스도인들이 직면했던 역사적 도전 때문이었음 역시 사실이지.

나는 이러한 기독교 세계관 운동이 그 발원지인 서구의 맥락에서는 의미 있는 시도일 수 있다고 생각해. 서구인들은 더 이상 종교로서의 기독교를 믿지 않는다 해도 문명과 문화의 토대 자체가 기독교인 데다, 최소 천 년이 넘도록 기독교가 세상을 지배하고 사람들의 내면을 빚어온 장구한 '기독교 세계'의 역사를 가지고 있기 때문이지. 문제는 이러한 담론이 원래 한 번도 기독교 세계에 속했던 적이 없던 한국과 같은 비기독교 국가에 비판 없이 이식되면, 반드시 서구우월주의와 호전성이라는 심각한 부작용을 초래하게 된다는 거야. 서구에서와 달리 기독교는 한국에서 한 번도 모든 사람을 구속하는 지배 이데올로기였던 적이 없었을 뿐 아니라, 지금까지도 국민들의 종교적 집단무의식 속에 자리 잡지 못한 외래종교에 불과해. 그런데 그들이 비기독교 인구가 80% 이상인 대한민국에서 자신들의 '세계관'으로 세상을 바꾸는 것만이 세상이 더 좋아질 수 있는 유일한 길이라고 주장한다면 비기독교인들의 입장에서 볼 때는 당연히 황당하고 불쾌하게 느낄 수밖에 없겠지. 실제로 한국교회의 일부 목회자와 교인들은 한국이 마치 기독교 국가인 듯 여기고 자신들의 입장이 이 사회의 주류인 듯 행세하면서 많은 사람에게 불안과 우려를 불러일으켜 왔단다.

사실 더 큰 문제는 서구의 문제를 해결하기 위해 서구에서 탄생한 '기독교 세계관' 자체가 단 한 번도 '기독교 세계'에 속한 적이 없었던 한국과 같은 기독교의 변방에서는 처음부터 제대로 작동할 수 없는 무능한 운동이라는 거야. 대한민국은 그 출발에서부터 종교와 정치가 분리된 세속주의 국가였고, 지금 역시 어떤 종교도 절대적 우위를 보장받지 못하는 다원적인 종교 박물관이라 할 수 있어. 우리 사회에서는 모든 종교가 시장에 나와 있는 것과 마찬가지야. 누가 더 사람들의 관심을 끌고 한국 사회의 문제에 적실하게 반응하느냐가 이 종교 간 경쟁의 성패를 결정한다는 것이지. 한국 기독교가 과거에 놀라운 성공 신화를 써 내려갈 수 있었던 이유는 한국이 출발점에서부터 모든 종교에 공정한 기회가 부여되었던 다원적 사회였고, 기독교가 이 종교 간 경쟁에서 몇 가지 장점과 매력으로 많은 사람들에게 선택받는 데 성공했기 때문이야. 따라서 '기독교 세계'라는 잃어버린 뿌리를 되찾겠다는 문제의식에서 출발한 기독교 세계관 운동은 한국과 같은 다원주의 사회와는 그 출발점에서부터 어긋난 운동이라고밖에 할 수 없어. 사실 현재 우리나라에서 기독교 세계관 운동은 그 매력의 핵심이었던 변혁 담론으로서의 역동성을 잃어버린 채, 기독교의 이름으로 우리 사회의 모든 기득권을 옹호하는 데 앞장서는 수구적 운동으로 퇴행한 것처럼 보인단다.

이런 사실들을 깨달은 후 내 관심은 기독교 세계관에서

서서히 멀어지기 시작했어. 세속적이고 다원적인 기독교의 변방인 대한민국에서 태어난 내가 우리가 처한 긴급한 현실적 문제를 제쳐두고 서구 그리스도인들의 고민과 그 해결책까지 짊어져야 할 이유는 없다고 생각했기 때문이야. 물론 나는 기독교가 현세에 관심을 끊은 채 단순히 내세에 가기 위한 열차 티켓만을 판매하는 종교로 전락하는 것에는 강하게 반대해. 그리고 당연히 기독교는 이 세상에서 잘 살아가기 위한 기독교적 가치를 제시하는 '세계관'이어야 한다는 데에도 동의한단다. 내가 문제 삼는 것은 앞에서 언급했듯 창조-타락-구속의 프레임을 따르는 서구발 기독교 세계관이 비서구 지역에 비판 없이 이식되었을 때 발생할 수 있는 공격성과 무능함이야. 이런 방식의 기독교 세계관으로 무장하고 오늘도 무례한 태도로 세상을 '정복'해야 한다고 외치는 일부 목회자와 기독교인을 볼 때마다, 내가 이 운동에 대해 가졌던 질문과 의심들이 틀리지 않았다는 생각이 들어. 그리고 내가 과거에 심취했던 '기독교 세계관'은 이제 과감하게 용도 폐기해야 하는 것이 아닐까 하는 생각도 점점 강해지고 있단다.

물론 기독교 세계관 운동도 그대로 멈춰 있지만은 않았어. 초창기 세계관 운동에서 주도적인 역할을 담당했던 브라이언 왈쉬Brian J. Walsh와 리처드 미들턴Richard Middleton은 그들의 신작인 『여전히 우리는 진리를 말할 수 있는가』에서 포스트모더니즘이라는 변화된 환경에서 세계관 운동이 나아가야 할 방향을 고민하면서 자신들의 이전 생각을 일부 수정하고 있어. 바뀐 생각의 핵심은 성서의 개별 '명제'들이 아니라 '성서 이야기 전체'가 기독교 세계관의 토대가 되어야 한다는 거야. 그중에서도 특별히 그들이 주목한 성서의 이야기는 구약성서 출애굽기에 나오는 히브리 노예들의 이집트 탈출 이야기와 신약성서 전체를 관통하는 주제인 예수의 십자가 사건이야. 둘 다 '해방'을 주제로 하는 이야기들이지. 저자들은 이렇게 성서의 해방 이야기에 근거한 기독교 세계관은, 현대 세계를 지배하는 주류 담론으로 등극한 포스트모더니즘이 초래한 혼란과 압제에서 인간을 해방할 능력을 지닌 가장 강력한 변혁 담론이 될 수 있다고 주장한단다. 한국의 세계관 운동이 점차 보수화되어 가는 상황 속에서 성서의 이야기를 바탕으로 세계관의 변혁성을 되살려낸 이들의 생각은 상당히 참신하고 수긍되는 부분이 많았어. 그러나 그들의 새로운 생각 역시 서구 기독교의 맥락에서 파생된 반성의 결과였기에, 세계관 운동의 서구 중심성과 공격성이라는 내 의구심에 대한 완전한 대답이 되기에는 부족했단다.

그런데 최근에 기독교 세계관에 대한 끈을 완전히 놓지 못하게 하는 책을 하나 발견했어. 전성민 교수의 『세계관적 성경읽기』라는 책이야. 저자는 한국에서 사랑을 잃고 두려움에 빠진 채 혐오와 차별을 조장하는 독선적이고 대결적인 근본주의 신학이 기독교 세계관이라는 이름으로 퍼져 있다고 우려해. 그리고 하나님 사랑을 되뇌지만 혐오와 배제를 통해 자신을 지키기에만 급급한 기독교는 반드시 버림받게 된다고 일갈하지. 이 책이 내 관심을 끌었던 이유는 서구 기독교 세계가 아닌 다원주의 사회의 자리, 중심이 아닌 주변의 자리, 배제와 혐오가 아닌 환대와 평화의 자리, 대결과 정복이 아닌 겸손한 대화의 자리에서 기독교 세계관을 논하고 있기 때문이었어. 이 책을 접한 나는 마음속으로 이미 사망 선고를 내렸던 '기독교 세계관'에 대한 최종 판단을 잠시 유보한 채 앞으로 저자가 펼치는 사고와 실천의 발전 과정을 진지하게 지켜볼 필요가 있다는 잠정적 결론을 내리고 있단다.

도움 책

∾ 제임스 사이어, 『기독교 세계관과 현대사상』 김헌수 옮김, 한국기독학생회출판부, 2007
∾ 알버트 월터스, 『창조 타락 구속』 양성만 옮김, 한국기독학생회출판부, 1997
  고전적인 기독교 세계관 운동을 잘 설명하는 책들. 창조 타락 구속의 프레임을 설명하고 다섯 가지 질문을 바탕으로 기독교 유신론 세계관의 우월성을 변증한다.
∾ 리처드 미들턴·브라이언 왈쉬, 『여전히 우리는 진리를 말할 수 있는가』 이철민 옮김, 한국기독학생회출판부, 2020
∾ 마이클 고힌·크레이그 바르톨로무, 『세계관은 이야기다』 윤종석 옮김, 한국기독학생회출판부, 2011
  포스트모던 상황에서의 기독교 세계관을 다룬 책들. 성서의 이야기를 세계관의 토대로 제시하면서 포스트모던 시대에도 여전히 기독교 세계관이 유효하다고 강조한다.
∾ 전성민, 『세계관적 성경읽기』 성서유니온, 2021
  저자는 한국의 기독교 세계관 운동이 혐오와 배제의 독선적 태도를 버리고 중심이 아닌 주변부에서 환대와 대화를 기반으로 새로이 전개되어야 한다고 역설한다.

세계기독교
-
복음의 무한한 번역가능성

내 생각은 '진정한' 기독교적 신앙의 범주에 대해 생각하는 것으로부터,
이런 범주들이 내가 거의 상상하지 않았던 방식으로
광범위할 수 있다는 깨달음으로 바뀌었다.
-마크 놀

"아빠의 관심이 기독교 세계관에서 세계기독교로 바뀌었다고 했는데, 그렇
다면 세계기독교란 무엇이죠? 그 운동은 앞에 설명했던 기독교 세계관과는
어떻게 다른가요? 왜 이름도 들어보지 못한 운동이 기독교의 미래라고 생각
하는지 궁금해요. 세계기독교의 가르침을 받아들인다면 어떻게 믿고 어떻게
살아야 하나요?"

믿음을 묻는 딸에게,

세계기독교 이야기는 2차 세계 대전이 종식된 1945년에서 시작되어야 해. 이 해로부터 서구 식민주의 세계질서는 종말을 맞이하게 되고 이 질서와 긴밀하게 맞물려 있던 서구 기독교 역시 격랑에 휩싸이게 된단다. 그리고 이때를 기점으로 식민국과 피식민국의 교회가 밀접하게 연결된 서구 중심의 '기독교 세계'와 세계선교 체제가 결정적으로 붕괴하고, 기독교 세계의 중심을 자처했던 유럽 대륙은 급격한 세속화의 길을 걷게 돼. 그러나 이렇게 서구에서 기독교가 쇠퇴의 길을 걷는 동안 라틴아메리카와 사하라사막 이남 아프리카 지역에서는 기독교 인구가 비약적으로 증가했고, 그 결과 오늘날에는 비서구권 그리스도인의 숫자가 서구권 그리스도인의 숫자보다 훨씬 많아지는 역전 현상이 일어났어. 20세기 중반까지만 해도 상상할 수도 없었던 일이 현실이 된 것이지.

　　이러한 비서구 기독교의 부상과 성장은 기독교 역사학자 앤드류 월스Andrew Walls에 의해 학문적 차원에서 정리되어 '세계기독교학(world christianity)'이라는 이름으로 널리 알려지게 돼. 그는 선교사로 아프리카의 시에라리온에 파송받아 초대교회사를 가르치던 중 아프리카 기독교가 그가 가르치던 초대교회의 모습과 훨씬 더 많이 닮았다는 사실을 알고 충격을 받았다고 해. 깨달음을 얻은 그는 귀국해 영국의 에든버러대학에 재직하면서 그간 선교와 교화의 대상이라고만 생각했던 비서양 기독교에 대한 연구를 활발하게 진행했으며, 그가 이

대학에 세운 세계기독교연구소는 곧 세계기독교학의 메카로 자리 잡게 되었지. 세계기독교학의 또 다른 선구자인 마크 놀 Mark Noll의 경우 "루터, 칼뱅, 존 웨슬리와 조나단 에드워드와 같은 종교개혁의 고전적 거인들에게 영향받았고, 복음주의의 영향력이 강했던 휘튼 칼리지를 졸업한 후 성공적이었지만 미국 교회사에 한정된 학문적 경력을 쌓아가고 있던" 미국의 기독교 역사학자였어. 그런 그 역시 위에 언급한 앤드류 월스를 포함한 여러 스승과 다양한 사건 그리고 많은 동료들의 영향으로 비서구 기독교를 포함한 세계기독교에 대한 이해와 관심을 심화시키며 점차 세계기독교인으로 변모하게 된단다.

그들의 공통점은 전통적인 서구 중심적 기독교 패러다임 안에서 만족하며 자신이 자라온 기독교 전통이야말로 시공간을 초월한 기독교의 규범이라는 사실을 의심할 필요를 느끼지 못하던 백인 주류 복음주의자들이었다는 거야. 그러나 그들은 여러 계기로 자신의 기독교가 사실은 미국이라는 일개 지역 내의 특수한 역사적 문화적 산물임을 깨닫고, 복음주의자라는 자신들의 정체성을 유지하면서도 세계기독교인으로 거듭나는 과정을 거치게 되지. 이러한 월스의 생각에 공감하는 교회사가와 선교학자 중 마크 놀, 라민 사네Lamin Sanneh, 브라이언 스탠리Brian Stanley를 포함한 일군의 학자들에 의해 '세계기독교학'이 탄생하게 되었어.

'세계기독교'의 가장 중요한 원칙은 역사상 존재했던 모든 교회의 신학과 예전5)과 윤리와 문화는 전부 상황적이지만, 동시에 참다운 기독교 진리에 온전히 참여한다는 거야. 참된 교회는 수많은 거짓 교회들을 끝없이 배제한 끝에 마지막에 도달하는 단 하나의 종착역이 아니라, 모든 시대와 장소에 존재했던 수많은 교회가 함께 모였을 때에야 비로소 완전한 형태를 파악할 수 있는 커다란 모자이크화에 비견할 수 있다는 것이지. 이에 대해 마크 놀은 이렇게 말한단다. "내 생각은 (……) '진정한' 기독교적 신앙의 범주에 대해 생각하는 것으로부터, 이런 범주들이 내가 거의 상상하지 않았던 방식으로 광범위할 수 있다는 깨달음으로 바뀌었다. (……) 만일 내가 특정 문화의 표현을 통해 보편적인 복음을 경험하고 있다면, 같은 복음이 다른 문화적 표현을 통해서도 강력하게 전달될 수 있을 것이다. 그 표현들이 내게 낯설거나 이국적일지라도 말이다."

물론 그들 역시 모든 시대와 문화 속에 존재했던 다양한 기독교 간에 본질적인 연속성이 존재한다는 사실은 인정하고 있어. 앤드류 월스는 자신들의 역사를 이스라엘 역사와 연속된 것으로 파악하는 '역사적 연속성'과 예수라는 인물이 가장 중요하다는 '사상의 연속성' 그리고 종교의식에서 빵과 포도

---

5) 예전(*liturgia*)이란 교회가 공식적으로 행하는 예배 의식을 의미한다.

주를 사용한다는 '제의의 연속성'이라는 세 가지 연속성을 제시하지. 이는 세상의 모든 그리스도인들은 시대와 장소를 막론하고 스스로를 유대-그리스도교 역사를 계승하는 영적인 후손들로 간주하고, 예수를 그들의 신앙에서 유일한 중요성을 가진 결정적인 인물로 여기며, 세례와 성찬을 예배의 핵심적인 요소로 받아들인다는 뜻이야. 이러한 연속성의 기준들은 '정통'과 '이단', '기독교'와 '유사 기독교'를 구분하는 최소한의 경계선이 될 수 있을 거야.

그러나 세계기독교인인 월스의 관심은 '정통'이나 '연속성'이 아니었어. 오히려 그가 주목한 것은 '복음의 무한한 번역 가능성'이었지. 역사적으로 볼 때 기독교는 선교를 통해 지속적으로 문화의 벽을 넘어왔고, 새로이 만나는 문화에 맞춰 끊임없이 '재번역'되어 왔다는 거야. 세계기독교학자들은 신성(神性)이 인성(人性), 그것도 특정한 역사적 시공간 안에서 특정한 인성으로 번역된 '성육신'이 이 번역 사건의 원형이라고 말해. 쉽게 말해 그리스도인들이 신으로 믿는 예수 그리스도가 2000년 전 팔레스타인 갈릴리 지역의 한 가난한 변방 마을에 인간이 되어 태어난 사건이야말로 '복음의 번역'이라는 개념을 가장 극명하게 보여준다는 거야. 그리고 성육신이라 불리는 이 사건이야말로 '번역을 통한 복음의 전달'을 핵심으로 삼는 기독교 선교의 출발점이 되었다는 거지.

이렇게 예수 그리스도의 성육신으로부터 시작되어 지금

까지 계속되어 온 '재번역'이라는 특성은, 기독교 선교의 결과인 '회심'을 자신들의 문화나 전통을 버리고 선교사의 문화를 받아들이는 '개종'이 아니라 그들이 이미 가지고 있던 문화와 사상이 그리스도를 향하게 만드는 '방향 전환'에 가까워지도록 만든단다. 기독교가 다른 주류 종교들보다 훨씬 큰 문화적 다양성을 그 특징으로 가지는 종교가 된 이유지. 이러한 복음의 재번역과 기독교의 다양성을 잘 보여주는 좋은 예가 바로 기독교인들이 번역된 성서에 대해 가지는 태도야. 이슬람이 경전의 언어인 아랍어를 절대화해 번역된 쿠란을 진짜 쿠란으로 인정하지 않는 반면, 기독교는 성서의 언어인 히브리어와 그리스어로 기록된 성서뿐 아니라 번역된 성서 또한 온전한 성서로 인정한단다. 또한 역사적으로 볼 때 대부분의 종교들은 발원지를 중심으로 동심원의 형태로 확상되는 경향이 있지만, 기독교는 일단 중심에서 변방으로 전파된 후 그 변방이 다시 중심이 되는 방식으로 퍼져나가는 특징을 가지지. 앤드류 월스는 기독교가 파괴나 쇠퇴와 같은 여러 위기에도 불구하고 지금까지 살아남고 번성할 수 있었던 이유는, 기독교 신앙이 이렇게 문화의 벽을 넘어 한 문화권에서 다른 문화권으로 지속적으로 전파되면서 끊임없이 재번역되어 왔기 때문이라고 주장한단다.

월스는 모든 시대는 나름의 신학과 문화적 표현을 가진 독특한 기독교를 가져야 한다고 말해. 그리고 이는 '정통'으로 규정되는 표준적인 기독교에서의 일탈이 아니라, 예수 그리스도를 재번역하는 끊임없는 과정이자 그리스도의 새로운 얼굴을 발견하는 일로 여겨져야 한다고 강조하지. 또한 어떤 그리스도인 집단도 다른 시대와 다른 장소에서 정해진 삶과 신앙의 전제들을 다른 그리스도인 집단에 강제할 권리가 없으며, 이전 문화에 기독교가 침투할 때 가장 중요하게 여겨졌던 주제가 새로운 문화에서도 당연히 중요하게 여겨지리라고 생각해서도 안 된다고 말한단다. 마크 놀은 "'이신칭의'와 '만인제사장설'[6] 같이 개신교인들이 당연시하는 전통적인 루터파 공식이 21세기 아프리카에서 16세기 독일에서만큼 강력한 목소리를 낼 수 있을까?"라는 강렬한 말로 이러한 생각을 잘 표현하고 있어.

한마디로 세계기독교는 서구 기독교만이 유일하고 표준적인 정통 기독교로 여겨지는 시대가 지났다는 선언이라고 할 수 있어. 폭발적으로 부흥하는 비서구 교회는 더 이상 서구 선교사들이 세우고 전수한 그 교회가 아닐뿐더러, 더 이상 전통적인 서구 선교 운동이나 서방신학의 틀로 이해하거나 설명

---

6) 이신칭의(以信稱義)는 하나님이 죄인을 용서하시는 것은 의로운 행위 때문이 아니라 오직 십자가 사건을 통해 인간의 죄를 해결하신 예수 그리스도를 믿는 믿음 때문이라는 교리다. 만인제사장설은 믿음을 가진 사람은 모두 동일하게 제사장이기에 서로 간에 어떤 계급도 없으며, 누구나 인간적 중재 없이 하나님께 직접 예배하고 소통할 수 있다는 교리다. 둘 다 종교개혁의 선구자 마르틴 루터에 의해 주창되었으며 프로테스탄트 교회의 핵심적인 신학 원리이다.

할 수도 없는 형태의 기독교가 되어버렸다는 거야. 이는 기독교 신앙이 더 이상 서구인들의 전유물이 아니라 진정한 의미에서 지구촌의 신앙이 되었으며, 교회의 예배나 신학이라는 차원에서도 서구 기독교가 기독교를 대표하는 유일한 '표준'이나 '모범'이 될 수 없다는 사실을 의미하지. 이러한 세계기독교의 생각은 서구 기독교의 문제의식에서 탄생한 창조-타락-구속의 틀로 다른 형태의 기독교를 포함한 모든 세상을 정복하고 통일해야 한다는 기독교 세계관의 확신과 거의 반대되는 지점에 서 있다고 할 수 있어.

　　기독교 세계관의 폭력성과 서구 중심성에 식상해가던 차에 만난 이러한 세계기독교의 통찰들은 내게 거의 '복음'과도 같았단다. 대체로 한국의 보수교회는 자신들을 서구 선교사들이 전해준 '정통' 기독교의 충실한 계승자요 수호자로 여기는 경향이 있어. 그러나 기독교 역사학자인 옥성득 교수는 초기 한국교회 역시 서양 선교사들의 기독교를 무비판적이고 피동적으로 받아들인 서구 교회의 복사판이 아니라, 민족 위기를 극복하기 위해 적극적으로 노력한 현실 참여적 교회이자 서구 기독교 정신을 한국의 전통 안에서 창조적으로 구현해낸 토착화된 교회였다고 강조해. 세계기독교의 용어로 설명하자면 한국에서 기독교가 놀라운 성공을 거두었던 이유는 곧 초창기 한국 그리스도인들이 선교사들이 전해준 복음을 한국 문화의 맥락에서 성공적으로 재번역했기 때문이라는 것이지.

오늘날 교회 내에서 한국 기독교 쇠퇴에 대한 우려의 목소리가 높아지고 있어. 아직 교회에 다니는 기성 교회 성도들도 확연히 열심이 식었고, 젊은 세대는 기독교라는 종교에 대해 아예 무관심한 경우가 많지. 이에 대해 대다수의 그리스도인들은 한국 기독교가 다시 부흥하려면 '초대교회'로 돌아가야 한다고 주장하는 경우가 많단다. 하지만 21세기 한반도에서 살아가는 한국 그리스도인이 추구해야 할 모델이 2000년 전 로마제국 치하의 고대 지중해 세계에서 발흥했던 '초대' 교회일까? 아니면 수백 년 전 특정한 시기에 서구 신학자들이 자신들의 문제를 해결하기 위해 세웠던 신학의 체계들이 21세기의 한국교회에서도 의심의 여지없는 정답으로 여겨져야 할까? 오히려 세계기독교의 통찰에 따라 우리 시대 이 땅에 현현하신 그리스도의 얼굴을 새로이 발견하고, '세계기독교'에 공헌할 우리만의 기독교 신학과 문화적 표현을 만들어가려는 끊임없는 노력이야말로 기독교가 다시 활력을 찾아가기 위한 열쇠이지 않을까?

도움 책

∝ 앤드류 월스, 『세계 기독교와 선교 운동』 방연상 옮김, 한국기독학생회출판부, 2018
세계기독교의 창시자인 앤드류 월스의 생각이 농축된 책. 복음의 번역가능성에 대한 이론적 통찰과 실제적 예시를 담은 영감 넘치는 글을 만나볼 수 있다.

∝ 마크 놀, 『나는 왜 세계기독교인이 되었는가』 배덕만 옮김, 복있는사람, 2016
미국 교회사 분야에서 성공적인 경력을 쌓아가던 저자가 세계기독교 분야로 관심이 확장되면서 기독교에 대한 이해가 성숙되어 가는 과정을 자전적으로 서술한 흥미로운 책.

∝ 이재근, 『세계 복음주의 지형도』 복있는사람, 2015

∝ 이재근, 『20세기, 세계, 기독교』 복있는사람, 2022
세계기독교를 전공한 저자가 20세기 기독교가 어떻게 진정한 세계 종교로 바뀌어가는지 서술한 두 권의 책. 앞의 책이 중요한 사건과 운동에 대한 역사서술의 형태를 취하고 있다면, 뒤의 책은 세계기독교를 이끈 스무 명의 중요한 인물들을 상세히 소개한다.

∝ 옥성득, 『다시 쓰는 초대 한국교회사』 새물결플러스, 2016
엄밀한 역사적 고증을 통해 다시 쓴 한국교회사. 초창기 한국교회는 선교사들이 전수한 기독교를 전통 속에서 창조적으로 구현해낸 토착적 교회였다고 주장한다.

어둔 밤
–
하나님은 왜 내게 나타나지 않는 거죠?

어둔 밤 없이 영적인 성숙을 바라는 것은
훈련 없이 챔피언이 되려고 하는 운동선수와 같고,
깊은 사고 없이 위대한 책을 쓰려고 하는 저술가와 같다.
–리처드 포스터

"처음에는 성서 공부가 너무 재밌었는데 요즘 들어 성서에 대한 흥미가 점점 떨어지고 있어요. 성서에 나오는 하나님은 나와 너무나 거리가 먼 분처럼 느껴지고 성서 이야기들은 나와 상관없는 신앙의 영웅들 이야기들처럼 여겨져요. 성서 이야기의 주인공이 행하는 영웅적인 신앙의 행위는 반드시 멋진 결말로 이어지는데, 왜 제 인생에서는 그런 일이 일어나지 않죠? 하나님께 기도하는 법을 배워 열심히 기도하는데 왜 제게는 '응답'이라고 부를 만한 일이 일어나지 않는 걸까요? 게다가 이런 질문들을 교회에서 꺼내면 믿음이 부족하거나 친구들의 믿음까지 흔드는 위험한 사람으로 여겨지는 것 같아요. 내가 이렇게 열심히 노력하는데 왜 성서의 하나님은 내게 나타나시지 않는 거죠?"

성서도 열심히 읽고 기도도 드리는데 하나님이 어디 계시는지 잘 모르겠다니 신앙생활에 고비가 찾아온 것 같구나. 상투적인 이야기겠지만 네가 겪는 어려움은 결코 너만의 경험이 아니라 진지한 신앙의 추구자들이 모두 겪어왔고 앞으로도 겪을 일이란다. 사실 나는 네 질문을 듣자마자 과거 중앙아시아의 한 국가에 의료봉사를 가서 우리가 함께 목격했던 사건을 떠올렸어. 혹시 백내장 수술을 받던 한 환자가 갑자기 눈앞이 캄캄해졌다고 울부짖으면서 벌떡 일어나려고 했던 일이 기억나니? 수술이 중단되는 사태로까지 이어지지는 않았지만 여러 사람이 그 환자의 불안을 가라앉히느라 애를 먹었었지. 다행히 수술 결과가 좋아 다음 날 미소와 함께 미안함과 고마움을 전하던 그 환자의 얼굴이 아직도 기억나는구나.

수술대에 눕는 것은 누구에게나 두려운 일이야. 환자가 되어 수술대에 눕게 되면 다른 사람이 내 몸에 칼을 대는 것을 허용해야 할 뿐 아니라, 어떤 경우는 내 생명의 근원인 숨(호흡)까지도 남의 손에 온전히 맡겨야 하기 때문이지. 그런데 백내장 수술을 받는 환자들은 이에 더해 특별한 경험 한 가지를 더 하게 된단다. 수술 과정 중에 잠깐이지만 모든 빛이 사라지며 암흑 속에 갇히게 되는 경험이야. 위의 예처럼 이 사실을 미리 알지 못하는 환자들의 경우 이 과정에서 큰 두려움에 사로잡히기도 해. 빛을 찾기 위해 올랐던 수술대에서 모든 빛이 사라졌으니 당연히 깜짝 놀랄 일이겠지.

아빠가

이러한 암흑의 경험은 수술 과정에서 백내장이 발생한 수정체를 제거하기 위해 특수한 용액으로 단백질이 주성분인 수정체를 완전히 액화시키면서 발생한단다. 그렇게 되면 그나마 어느 정도의 투명도를 유지하던 수정체 단백질은 마치 달걀흰자에 열을 가하면 하얗게 변하는 것처럼 완전히 불투명해지고, 환자는 어떠한 빛도 인식하지 못하는 어둠 속에 갇히게 되고 말지. 의사가 그의 병든 수정체를 걷어내고 새로운 수정체를 끼운 후에야 환자는 비로소 다시 시력을 회복하게 된단다. 이 과정에서 환자가 할 수 있는 일은 아무것도 없어. 그는 수술대 위에서 철저하게 수동적인 태도로 자신의 눈과 시력을 온전히 수술자의 능력과 선의에 맡겨야 한단다.

나는 네 질문과 이 환자의 경험에서 '십자가의 성(聖) 요한'이라는 별칭으로 더 익숙한 스페인의 신비주의자 후안 데 예페스Juan de Yepes가 지은 기독교 영성 고전인 『어둔 밤』을 떠올렸단다. 십자가의 성 요한은 이 유명한 책에서 '어둔 밤'이란, 수술대 위에서 철저한 어둠 속에 갇혀버린 백내장 환자처럼 경건 생활에 열심을 내던 사람이 마치 하나님이 계시지 않는 것 같은 혹독한 메마름과 어둠 속에 던져진 상태라고 정의해. 그는 이 현상이 불완전하고 나약한 인간의 영혼이 하나님께로부터 오는 강렬하고 신성한 빛을 인식하지 못하고 어두움으로 경험하기 때문에 일어난다고 말하고 있어. 그리고 이 빛의 목적은 교만, 탐욕, 분노, 질투, 나태와 같은 모든 불완전을 깨끗이 제거해버리기 위한 정제하는 불의 역할을 하는 것이라고 주장하지. 십자가의 성 요한과 같은 신비주의자에게 종교 생활의 목적은 일차적으로 좀 더 높고 순수한 신에 대한 '관상(*contemplatio*)'[7])에 도달하는 것이고, 궁극적으로는 그가 관상하는 '하나님과의 연합(*unio cum Deo*)'을 통해 새로운 존재가 되는 것이야. 그리고 이를 위해서는 하나님이 전적으로 주도하는 '영혼의 어둔 밤'을 통해 하나님이 아닌 자기 자신이나 외부의 쾌락에 집착하게 하는 기존 감각을 정화하는 과정이 꼭 필요하다는 거야.

사실 성서에는 '어둔 밤'을 통과해 하나님을 새로이 만나거나 새 존재로 탈바꿈한 사람들의 이야기가 가끔 나와. 구약성서에서는 고래 배 속에 들어갔다가 살아나온 선지자 요나나 모든 것을 잃고 나락으로 굴러떨어졌다가 회복된 욥의 경험이 그 대표적인 예라고 할 수 있어. 신약성서에서는 기독교인을 박해하기 위해 다마스커스로 가는 길에 강렬한 빛에 의해 '눈멂'과 '회심'을 동시에 경험했던 사도[8]) 바울의 경험이 가장 적절한 예가 되겠구나. 바울은 자신의 체험을 "이제 내

---

7) 관상(觀想, contemplation)이란 하나님을 직관적으로 보고 인식하는 행위를 말하는 가톨릭 신앙의 용어이다.
8) 어원상으로는 "특별한 위임을 받고 공적인 임무를 수행하는 자"를 뜻한다. 신약성서에서는 주로 예수께서 직접 뽑아 권세를 주고 복음전파를 위해 파송했던 12명의 제자와 부활하신 예수께 직접 사도직을 위임받았고 교회들로부터 사도로 인정받은 바울을 지칭하는 데 사용되었다.

가 그리스도와 함께 십자가에 못 박혔습니다. 이제 사는 것은 내가 아닙니다. 그리스도께서 내 안에 사는 것입니다"9)라고 묘사하고 있어. 결국 이들이 겪었던 '어둔 밤' 체험은 신이 주시는 부재의 경험을 통해 옛 자아가 철저히 죽는 '정화'의 과정과 전적으로 신에 의해 주도되는 새 자아로의 '변용(transfuguratio)'의 과정이 더해진 것이라고 볼 수 있단다.

이 과정을 가장 극적으로 보여주는 예식이 기독교의 입문 의식인 '세례'란다. 성공회 신학자 로완 윌리엄스는 몸을 물속에 잠그는 상징적 행위인 세례가 처음부터 예수의 고난과 죽음이라는 어둠 속으로 내려가 예수께서 겪었던 현실에 휘말린다는 개념과 결합되어 있다고 설명해. 윌리엄스에 따르면 그리스도인이 세례 예식 때 몸을 물속에 잠그는 것은 먼저 예수가 겪었고 현재 인간이 처한 혼돈과 곤경이라는 '어둔 밤'의 심연으로 들어간다는 의미야. 그리고 바로 그 어둠과 절망의 심연 속에서, 하나님의 무한한 사랑이 인간을 당신이 원하시는 모습으로 다시 창조하시고 예수와의 연합을 통해 참다운 인간성을 회복하는 과정으로 인도하신다고 말하지. 이렇게 인간이 자신의 노력이 아닌 '어둔 밤'을 통한 정화와 변용을 통해서만 하나님께 다가갈 수 있다는 생각은, 인간이 앎의 길

---

9) 신약성서 갈라디아서 2장 20절

믿음을 묻는 딸에게,

이 아니라 알지 못함의 길, 능동의 길이 아니라 수동의 길을 통하여서만 신적 진리에 접근할 수 있다는 '부정신학(*theologia negativa*)'이라 불리는 신학함의 방법을 잘 보여준단다.

사실 이러한 '어둔 밤'의 체험은 꼭 종교적 영성가나 신비주의자가 아니더라도 모든 인간이 삶의 여정에서 마주하게 되는 보편적인 경험에 가깝다고 할 수 있어. 모든 문화권에서 발견되는 '영웅신화'나 '통과의례'에는 '어둔 밤'에 해당하는 자기부정과 희생의 시련기가 반드시 포함되어 있단다. 이는 누구도 이러한 고난과 어두움의 단계를 통과하지 않고는 새로운 삶의 차원으로 도약할 수 없다는 상징적 의미를 담고 있지. 기독교 영성 신학자인 리처드 포스터Richard Foster는 "어둔 밤 없이 영적인 성숙을 바라는 것은 훈련 없이 챔피언이 되려고 하는 운동선수와 같고, 깊은 사고 없이 위대한 책을 쓰려고 하는 저술가와 같다"고 말하고 있어. 아마도 더 밝은 세상을 보기 위해 의사에게 자신의 눈을 온전히 맡긴 채 모든 빛이 사라지는 경험을 통과해야 하는 백내장 환자의 경우가 바로 이러한 과정을 가장 극적으로 보여주는 예라고 할 수 있을 것 같아. 네가 지금 겪는 어려움 역시 성서의 위인들을 포함해 많은 사람이 통과해온 '어둔 밤'의 경험임에 틀림없어 보이는구나.

사실 '어둔 밤'을 통과할 수 있는 정해진 방법이란 없어. 그 경험의 전 과정이 하나님의 주도로 이루어지는 것이니 어쩌면 너무나 당연한 일이겠지. 분명한 사실은 적당한 타협이나 비겁한 회피는 어떤 경우에도 해결책이 될 수 없다는 거야. 물고기 배 속에서 하나님께 회개했던 요나의 방식이든 끝까지 하나님께 자신의 정당성을 항변했던 욥의 방식이든 각자가 스스로의 방식과 노력으로 열심히 버티고 치열하게 맞서야 하는 거란다. 그리고 네가 진지하게 기독교 신앙을 추구하는 한 앞으로도 '어둔 밤'은 반드시 너를 다시 찾아오게 될 거야. 만약 더 이상 어둔 밤이 찾아오지 않는 확신과 평안의 시기만이 지속된다면, 그때야말로 끝없는 퇴행의 나락으로 이어지는 진짜 '어둔 밤' 안에 갇혀버린 것은 아닌지 의심해보아야 해.

나는 인간이 어둔 밤으로 상징되는 고난과 정화의 시기를 통과하지 않는다면 더 높은 신앙의 차원으로 도약할 수 없다는 십자가의 성 요한의 생각에 전적으로 공감한단다. 그러나 종교 생활의 궁극적인 목표가 하나님에 대한 더 높은 직관적 관상이나 하나님과의 완전한 연합에 도달하는 것이라는 이 위대한 신비주의자의 생각에는 동의할 수 없어. 20세기를 대표하는 가톨릭 영성가인 토머스 머튼Thomas Merton은 "관상이란 하나님 나라에 대한 비전과 그에 반하는 세상의 불의와 압제를 명료하게 '보고' '인식한' 후, 거짓을 꿰뚫는 진리의 말씀으로 그릇된 의식과 그에 근거한 세계에 맞서는 위험한 행위"라고 말해. 그리고 "기독교적 관상과 영성의 목표는 개인의 내적 평화가 아닌 하나님 나라이며 여기에는 현실과의 갈등과 그에 따르는 치열한 영적 전쟁이 필연적으로 뒤따르게 된다"라고 주장하지. 성공회 사제이자 영성 신학자인 케네스 리치 Kenneth Leech는 "관상을 갈등 회피와 내면의 평화라는 심리학의 영역으로 축소하는 것은 결국 맹목과 무지 속에서 자신 속으로 침잠하게 되는 사이비 내면성의 수렁에 빠지게 되는 것"이며, "그리스도인의 관상이 일어나야 할 참된 장소는 부정의로 가득한 이 세상, 바로 정치의 세계다"라고 강조한단다.

나는 토머스 머튼과 케네스 리치의 가르침대로 그리스도인의 관상 대상은 '하나님 자체'가 아닌 '하나님이 일하시는 세상'이며, 영성 생활의 진정한 목표는 신과의 합일에서 느끼는 영적인 기쁨과 평화가 아닌 세상 속에서 하나님 나라를 위한 치열한 싸움에 참여하는 것이라고 생각해. 그리고 하나님은 세상의 불의에 눈감은 채 오직 하나님을 보기 위한 관상에만 열중했던 사람들이나 타인의 고통에 눈감은 채 자신의 영적 평안만을 추구했던 사람들에게, 그들이 그리스도의 제자로 마땅히 준수해야 했던 이웃사랑의 계명을 소홀히 한 사실에 대해 '태만'의 죄를 물으시리라 생각한단다.

백내장 수술 환자를 예로 들어볼까. 수술을 통해 빛을 찾는 목적은 단순히 나 홀로 세상을 잘 보고 즐기기 위해서가 아니라, 밝아진 눈으로 죄와 고난으로 가득한 세상에서 정의와 자비를 실천하는 삶을 살아가기 위해서라고 말할 수 있겠지. 결국 어둔 밤의 시험을 얼마나 잘 통과했느냐는 '종교'와 '영성'의 자리가 아닌 '삶'과 '실천'의 현장에서 판가름 난다는 것이 내 결론이야. 너 역시 지금 겪고 있는 어려움을 포함해 인생에서 만날 수많은 어둔 밤들을 잘 통과해 더 밝은 눈을 가지게 되길, 그리고 새로워진 존재로 더 나은 세상을 만드는 데 일조하는 사람이 되길 바랄게.

도움 책

∞ 십자가의 성 요한, 『어둔 밤』. 최민순 옮김, 바오로딸, 1993
기독교 신비주의자인 저자는 '어둔 밤'을 통과하지 않고는 하나님께 더 가까이 다가갈 수 없다고 말한다. 영성 신학의 고전으로 손꼽히지만 이해하기 쉽지 않다.

∞ 리처드 포스터 외, 『영성을 살다』. 김명희·양혜원 옮김, 한국기독학생회출판부, 2014

∞ 리처드 포스터 외, 『리처드 포스터가 묵상한 신앙 고전 52선』. 송준인 옮김, 두란노, 2011
유명한 복음주의 영성 신학자가 2000년 기독교 역사를 대표하는 영성가들과 그 대표작을 간략하게 소개한 책. 『어둔 밤』에 대한 좋은 해설을 만나볼 수 있다.

∞ 케네스 리치, 『사회적 하나님』. 신현기 옮김, 청림출판, 2009
저명한 성공회 영성 신학자인 케네스 리치는 기독교가 본질적으로 사회적이고 참여적이기에 기독교 영성은 반드시 세상을 향한 연민과 참여로 연결되어야 한다고 강조한다.

∞ 토머스 머튼, 『토머스 머튼의 시간』. 류해욱 옮김, 바오로딸, 2010
20세기를 대표하는 가톨릭 영성가의 선별된 일기. 세상을 경멸하며 수도 생활을 예찬하던 은거 수사였던 저자가 세상을 향한 관심과 애정을 회복해가는 과정을 잘 보여준다.

일상과 영원

–

수술의 신

> 동물은 그저 개나 작은 새가 아니며
> 그들의 눈이야말로 우리 인생의 배후에서 슬픈 눈초리로
> 우리를 쳐다보고 멀리서 우리를 지켜주는
> 어떤 존재의 투영이다.
>
> –엔도 슈사쿠

"성서의 출애굽기에서 이스라엘의 지도자였던 모세가 광야의 평범한 떨기 나무에서 하나님을 만난 이야기를 보았어요. 예배나 기도나 찬양이나 성서 읽기와 같은 종교적 영역에서뿐 아니라 우리가 살아가는 일상의 시공간 속 에서도 하나님을 만날 수 있나요? 그리고 하나님은 그곳에 어떤 모습으로 나 타나시나요? 아빠에게 나타나는 하나님은 항상 친숙하고 친절한 분인가 요? 혹시 내가 겪은 '어둔 밤'에서처럼 낯설고 무서운 알 수 없는 분이었던 적은 없나요?"

내가 신의 존재를 느끼는 일상의 자리는 바로 수술 현미경 앞이야. 일반인들에게는 수술이 특별하고 신기해 보이겠지만 내게는 거의 매일 경험하는 평범하고 익숙한 일상이기 때문이지. 나는 백내장 환자가 수술대 위에 누워 있다면 언제 어디서든 일사천리로 수술을 진행할 수 있단다. 가히 "몸에 익었다" 또는 "몸이 기억한다"는 표현이 적절한 경지라고 할 만하지. 그러다 보니 백내장 수술이 아무 때나 불러내 마음대로 부릴 수 있는 '도구'나 '하인'처럼 여겨질 때가 많아. 그런데 가끔은 이렇게 친숙하고 만만한 백내장 수술이 독자적인 인격을 갖추고 나를 주관할 뿐 아니라 존중까지 요구하는 '신' 같은 존재로 느껴질 때가 있단다. 이 친숙한 동반자가 가끔 그리스 신화의 야누스처럼 낯설고 무시무시한 또 다른 얼굴을 내게 보여주기도 한다는 뜻이지. 편의상 이 존재를 '수술의 신'이라고 이름 붙여보기로 하자. 물론 백내장 수술의 '신'은 그리스 신화의 신들처럼 임의로 변덕을 부리지는 않아. 그 신은 대체로 예측이 가능하며 호불호가 명확하단다.

'수술의 신'이 가장 싫어하는 것은 '교만'이야. 수술자는 칼을 잡고 누군가가 당하는 고통과 어려움을 해결해주었을 때 말할 수 없는 쾌감을 느끼게 되지. 내 손을 통해 누군가에게 빛을 찾아줄 수 있다니! 우쭐한 마음이 생기고 자신이 대단한 사람처럼 느껴진단다. 그러나 이러한 교만은 지나친 자신감으로 이어지고 이는 반드시 집중력 하락을 동반하게 된단다. 마치 처음 운전을 배우는 사람은 사고를 잘 내지 않지만 어느 정도 익숙해지기 시작했을 때 사고율이 높아지는 것과 유사하지. 그래서 지나치게 긴장하지 않으면서도 수술의 전 과정 동안 일관된 집중력을 유지할 수 있는 능력이야말로 훌륭한 수술자가 갖춰야 할 중요한 미덕 중 하나란다. 수술의 신은 교만한 수술자를 절대 오래 용납하지 않아. 반드시 크고 작은 문제를 보내어 응징하지.

'수술의 신'이 싫어하는 또 다른 태도는 '욕심'이야. 수술자가 금전적 이득이나 자기만족을 위해 꼭 필요하지 않은 수술이나 술기를 무리하게 시도하는 경우가 이에 해당하지. 어떤 환자가 백내장 수술을 받아야 하는지를 결정하는 기준은 때로 명확하지 않은 경우가 많고, 안과 의사는 가끔 과연 이 환자를 수술해야 할지 말지를 선택해야 할 갈림길에 서게 된단다. 그런데 의사도 사람인지라 환자의 필요보다 금전적인 이득을 수술 결정의 계기로 삼으려는 유혹에 빠질 수 있어. 최근에는 백내장이 없거나 수술하기에는 시기상조인 환자에게 무리하게 수술을 시행하는 '생내장' 수술이라는 신조어까지 생겨났을 정도니까. 또한 어떤 수술자는 수술의 결과에 전혀 지장이 없을 정도의 작은 문제도 남겨두지 못하고, 자기 자신을 만족시키기 위해 꼭 필요하지 않은 술기를 무리해서 시도하기도 하지. '수술의 신'은 돈이든 자기만족이든 욕심에 눈이 먼 수술자 역시 절대 오래 두고 보지 않아.

'수술의 신'이 싫어하는 세 번째 자세는 '불신'이야. 이는 위에 언급한 교만과 반대되는 태도라 할 수 있지. 수술자는 절대 교만해서도 안 되지만 반대로 자신을 불신해서도 안 돼. 일단 손에 칼을 잡은 수술자는 단순히 신이 자신의 손을 지켜준다는 생각을 넘어 이 순간만큼은 자신의 손이 곧 신의 손이며 내가 하는 이 수술이야말로 곧 신의 행위라는 확신을 가져야 한단다. 스스로를 신뢰하지 못하는 수술자는 수술 중에 일관성 없이 이런저런 술기를 시도하거나 필요 없는 행동을 자꾸 반복함으로써 주변 사람 모두를 불안하게 만들지. 반면 자신의 손을 신뢰하는 수술자는 어떤 상황에서도 '오컴의 면도날'[10]을 휘둘러 목표를 위한 최단 거리의 길을 찾아내곤 하지. 수술의 신은 '믿는 자'에게 은혜를 베푼단다.

'수술의 신'이 싫어하는 마지막 태도는 '적당주의'야. 이는 두 번째 태도인 욕심과 대치되는 입장이라고 할 수 있지. 수술의 신은 절대 "어떻게든 되겠지"라는 적당주의를 용납하지 않아. 물론 자신의 환자를 적당히 수술하고 싶은 의사는 아무도 없겠지. 실제로 대부분의 '대충'은 수술자의 부실한 마음가짐보다, '눈'보다 '손'이 앞서는 부주의 때문에 발생하는 경우가 많아. 좋은 수술자와 그렇지 않은 수술자는 얼

---

10) 흔히 '경제성의 원리' 혹은 '검약의 원리'라고도 불린다. 같은 현상을 설명하는 두 개의 주장이 있다면 간단한 쪽이 진실일 가능성이 높다는 원칙을 의미한다.

믿음을 묻는 딸에게,

마나 정교한 '손'을 가졌느냐 만큼이나, 얼마나 날카로운 '눈'을 가졌느냐의 여부에 따라 갈리게 된단다. 자신의 수술 시야에서 일어나고 있는 작은 문제를 발견할 '눈'을 가지지 못한 수술자는, 언젠가 호미로 막을 것을 가래로도 막지 못할 만큼 큰 사고를 만들게 되기 때문이지. '수술의 신'은 태만함이나 성급함으로 자신의 수술을 '적당히' 마치려는 의사를 절대 용서하지 않는단다.

　여기까지만 보면 사실 그 신은 상식과 지혜의 품성을 지닌 친근하고 점잖은 존재처럼 보여. 이 신이 싫어하는 수술자의 태도 중 딱히 이해가 안 가거나 지나치다고 생각될 만한 부분은 없으니까. 그렇다면 이 모든 주의사항만 잘 지키면 평생 '수술의 신'의 심기를 거스르지 않는 행복한 수술자로 남을 수 있을까? 유감스럽게도 절대 그렇지 않단다. 일단 수술자는 신이 아니라 인간이기 때문에 언제나 이 모두를 완벽하게 지키기가 쉽지 않아. 생각지도 않은 문제가 생긴 수술을 복기해 보면 대부분 나도 모르게 위에 언급한 잘못된 태도 중 하나를 지닌 채 수술에 임하고 있었다는 것을 깨닫게 되는 경우가 많지. 그러나 때로는 진지한 태도와 완전한 술기로 무장하고 수술에 임했음에도 설명할 수도 이해할 수도 없는 결과를 맞이하게 되는 경우가 있어. 그 순간 인간의 한계를 알려주고 끝없는 겸손을 요구하는 그 신은 낯설고 두려운 '알 수 없는 분'으로 내 앞에 나타나.

내가 '수술'이라는 일상을 통해 만났던 낯설고 두려운 존재를 가장 잘 설명해준 사람은 종교학자 루돌프 오토Rudolf Otto와 미르치아 엘리아데Mircea Eliade야. 이 학자들은 그 순간 내가 마주한 현상이 거룩한 존재의 드러남(聖顯, hierophany)이었다는 사실을 알려주었단다. 루돌프 오토는 신적 존재와의 만남이라는 종교적 경험의 본질인 '성스러움(Numinose)'이란 절대성에 대한 원초적이고 비합리적인 감정으로, 우리가 평소에 느끼는 '자연적인 감정'과 '질적으로 다른 낯선 그 무엇'이라고 말해. 미르치아 엘리아데는 우리가 그렇게 성스러운 존재를 만나게 되는 곳은 종교적인 시간과 장소에서가 아니라, 이전까지 철저히 일상적이었던 바로 그 시공간 안에서라고 강조하지. 기독교 신학자 이동영 교수는 이를 "일상과 영원은 잇닿아 있으며 (……) '성스러운 것(거룩)'은 반드시 '상스러운 것(일상)'을 통해서만 자기 자신을 드러낸다"라고 표현한단다. 루돌프 오토에 따르면 이러한 '성스러움'의 드러남에 대한 인간의 반응은 철저한 낮아짐과 무가치함의 감정을 동반하는 '두려운 신비' 그리고 알 수 없는 평안과 구원의 즐거움을 주는 '매혹적인 신비'라는 두 가지 길로 나타나게 된다고 해. 나는 이러한 '경외'의 태도야말로 우리가 수술의 신을 대하는 가장 올바른 방식이라고 생각해. 한없이 매혹적인 수술의 신을 친근히 여기고 사랑하되, 때로 두려운 존재이기도 한 그에 대한 존중을 절대 거두지 않는 것이지.

평생 많은 동물을 키워왔던 엔도 슈사쿠는 그와 교감했던 동물들이 그저 개나 작은 새가 아니며 그들의 눈이야말로 우리 인생의 배후에서 슬픈 눈초리로 우리를 쳐다보고 멀리서 우리를 지켜주는 어떤 존재의 투영임을 깨닫게 되었다고 고백한단다. 나 역시 수술 현미경을 통해 바라보는 수많은 환자의 눈 뒤편에서 수술자의 마음과 태도를 응시하고 가끔 두려운 낯섦으로 자신을 드러내는 '수술의 신'을 보게 되었다고 말할 수 있어. 그 신에 어떤 이름을 붙일지는 네 자유지만, 나는 그 신의 실체가 바로 성서에서 말하는 하나님이라고 믿고 있지. 나는 오늘도 수술 전 현미경 너머의 그 존재에게 내게 감당할 수 없는 시험을 주지는 않도록, 그리고 겸손한 마음을 품되 자신감을 잃지는 않으며, 탐욕의 유혹에 빠지지 않으면서 적당주의의 함정에서도 벗어나도록 기도한단다. 너 역시 일상의 배후에서 너를 응시하는 거룩한 존재의 시선을 느끼며 살아가길 바라. 그리고 일상이야말로 바로 그분을 만날 수 있는 "영원으로 비상하는 도약판"이라는 사실을 기억하며 일상의 모든 순간을 가치 있게 보내길 소망해.

도움 책

∞ 엔도 슈사쿠, 『엔도 슈사쿠의 동물기』 안은미 옮김, 정은문고, 2018
  『침묵』이라는 소설로 우리에게도 친숙한 저자가 지금까지 키우거나 만나왔던 여러 동물들과의 인연을 담담하면서도 유머러스하게 들려주는 에세이.

∞ 루돌프 오토, 『성스러움의 의미』 길희성 옮김, 분도출판사, 2003
  종교의 본질인 '성스러움'은 절대성에 대한 원초적인 감정이며, 이에 대한 인간의 반응은 두려움과 매혹의 두 갈래로 나타난다고 주장하는 종교학의 고전.

∞ 미르치아 엘리아데, 『성과 속』 이은봉 옮김, 한길사, 1998
  일상적 시공간에 낯선 '존재 자체'가 모습을 드러내는 '존재의 드러남'과 그와 동반되는 '시간 없음'의 체험을 담고 있는 것이 종교현상이라고 설명하는 또 다른 종교학의 고전.

∞ 이길용, 『이야기 종교학』 종문화사, 2018
  신학과 종교학을 전공한 저자가 쉽게 풀어 쓴 종교학 입문서. 오토나 엘리아데를 포함해 종교학 연구에 큰 족적을 남긴 학자들과 그들의 업적을 친절한 설명으로 만나볼 수 있다.

∞ 이동영, 『몸짓의 철학』 지노, 2022
  일상적인 인간 몸짓의 의미를 규명하는 담론을 통해 일상의 순간들이 함의하는 영원의 차원을 통찰해나가는 32편의 짧지만 번뜩이는 철학 에세이.

하나님 어머니

–

하나님이 남성이라면
남성은 하나님?

신학 언어의 본질은 존재와 이름 사이에
연속성이 있다고 전제하는 유비가 아니라,
알 수 없는 것을 알고 있는 것을 통해
간접적으로 묘사하려는 은유이다.

–샐리 맥페이그

"그동안 교회에 다니며 '하나님 아버지'라는 말을 너무도 당연하게 사용해왔어요. 그런데 요즘 들어 하나님이 왜 꼭 아버지여야 하느냐는 의심이 들기 시작해요. 하나님이 '아버지'라는 것은 기독교의 하나님이 그리스 신화의 여러 신들처럼 남성이라는 의미인가요? 인간이 하나님의 형상으로 창조되었다고 배웠는데, 하나님이 남성이라면 여성은 불완전한 하나님의 형상인가요? 교회에서 여성이 목사가 될 수 없는 이유가 혹시 하나님이 남성이기 때문인가요? 성서에 나오는 하나님이 남성처럼 느껴지는 이유는 혹시 성서가 고대 세계의 가부장적 사회질서를 반영하고 있기 때문이 아닐까요? 여성이 대통령도 되는 21세기에 왜 하나님이 여성일 수는 없는 거죠?"

하나님의 성(性)에 대한 질문이라니, 상당히 도발적이구나. 이 문제에 대해 생각해보기 위해서는 먼저 신학 언어의 본질에 대해 이해할 필요가 있단다. 신학은 한마디로 "하나님에 대한 학문"이라고 할 수 있어. 그런데 문제는 신학의 대상인 하나님이 인간의 인식과 이해의 한계를 벗어난 무한하고 초월적인 존재라는 거야. 보이지 않는 무한한 하나님을 유한한 인간의 언어로 표현해야 한다는 것이야말로 신학이 처한 딜레마의 핵심이지. 우리는 어떻게 보이지 않는 하나님에 대해 의미있는 진술을 할 수 있을까? 과연 어떻게 인간의 언어를 사용하면서도 하나님을 인간의 수준으로 끌어내리지 않고 하나님에 대해 올바로 말할 수 있을까?

이 질문에 대해 가톨릭과 개신교를 포함하는 서방신학[11]이 전통적으로 사용해온 대답은 신학 언어의 본질이 '유비(*analogia*)'라는 거야. 하나님이 세상을 창조하셨기에 세상은 하나님의 모습을 반영하며, 따라서 하나님과 세상 사이에는 연속성이 존재한다는 '존재 유비(*analogia entis*)'가 이 견해의 토대야. 하나님과 피조된 존재는 결코 동일할 수 없지만 '존재 유비'에 의해 둘 사이에는 유사성 혹은 상응점이 있으며,

---

11) 서방신학은 역사적으로 볼 때 라틴어를 사용해 신학을 전개했던 로마교회 중심의 신학을 의미한다. 콘스탄티노플을 거점으로 하고 그리스어를 신학 용어로 사용했던 동방신학이 관상적이고 신비적인데 비해, 서방신학은 합리적이고 윤리적인 성향이 강하다. 현대 가톨릭과 개신교가 서방신학의 전통을 계승하고 있으며, 동방신학 전통은 정교회(orthodox church)에 의해 이어지고 있다.

그로 인해 피조계 안에 있는 특정 존재들은 하나님을 가리키는 효과적인 표지가 될 수 있다는 것이지.

  신학에서 가장 잘 알려진 대표적 유비는 하나님을 '아버지' 또는 '왕'으로 여기는 것이란다. 물론 이 방식에 동의하는 학자들도 하나님이 인간 아버지와 동일하다거나 하나님이 남성이라고 여기지는 않아. 실제로 교회는 비교적 초기부터 하나님은 남성이나 여성 혹은 자웅동체와 같은 생물학적인 성이라는 범주로 이해되어서는 안 되는 성을 초월하시는 존재라고 선포해왔단다. 그럼에도 그들은 '하나님'과 '아버지'는 의미 있는 존재적 연속성을 공유하며, 따라서 아버지라는 유비는 하나님에 대해 사고하도록 하는 매우 유용하고 강력한 도구가 될 수 있다고 주장하지.

  그렇다면 '아버지'를 '하나님'의 유비로 사용할 수 있게 만드는 둘 사이의 유사성은 과연 무엇일까? 나는 성서가 태동한 고대 근동 사회의 맥락에서 볼 때, '구성원에 대해 생살여탈권까지를 포함한 절대적 권위를 행사하는 강력한 가부장적 존재'라는 것이 그 유사성의 핵심이라고 생각해. 만약 그렇다면 하나님을 '어머니'로 묘사하는 것은 단순히 어색한 정도를 넘어 심각한 신학적 오류이거나 이단의 혐의를 씌우기에 충분한 불경한 행위가 될 수밖에 없어. 성서의 배경이 되었던 고대 근동 사회를 포함한 대부분의 전통 사회에서 여성은 어떤 경우에도 '아버지'라는 유비의 핵심적 함의인 '가부장'의 자리에 오를 수도, 가부장이 누리는 절대적 권위를 가질 수도 없었기 때문이지.

그러나 어떤 사람들은 신학의 언어는 '유비'가 될 수 없으며, 오히려 '은유(metaphora)'에 가까워야 한다고 주장해. 여기서 은유란 "어떤 것에 대해 말하면서 다른 것을 가리키는 용어를 끌어다 설명하는 방법" 또는 "알 수 없는 것을 알고 있는 것을 통해 말하려는 시도"를 말해. 그렇다면 은유의 방식으로 사용된 언어는 아무래도 대상과의 직접적 유사성보다는 차이가 두드러질 가능성이 높고, 듣는 사람들에게 자연스럽거나 적합하다는 느낌보다는 의외성과 놀라움의 감정을 불러일으키게 되겠지. 따라서 이 방식은 우리가 이미 알고 있는 것을 좀 더 적절하게 표현하기보다는 사람들이 미처 깨닫지 못한 새로운 차원의 의미를 드러내는 데 적합하단다. 신학에서 은유의 언어가 사용된다면 진리를 명확하게 규정하려는 교리의 언어가 아니라, 기존의 개념을 혁파하고 새로운 사고를 가능하게 하는 자유와 변혁의 언어가 될 가능성이 높겠지.

오늘 네 질문에 대한 대답을 위해 인용할 책인 미국의 생태여성신학자 샐리 맥페이그Sallie McFague가 쓴 『어머니·연인·친구』 역시 신학 언어의 은유적 특성에 주목하면서, 하나님의 이름을 포함한 전통적인 신학 언어와 그 언어에 의해 구성된 고전적 신학의 체계에 도전하는 책이란다. 맥페이그는 이 책에서 성서의 언어를 포함한 신학 언어의 본질은 존재와 이름

사이에 연속성이 있다고 전제하는 '유비'가 아니라, 알 수 없는 것을 알고 있는 것을 통해 간접적으로 묘사하려는 '은유'라고 주장해. 그리고 신학이란 유비의 언어로 쓰인 권위 있는 경전의 의미를 명확히 밝히는 '훈고' 내지는 '해석학'이라기보다, 우리 시대에 적합한 은유와 모델들을 통해 그리스도교 신앙을 새로이 세우는 '발견적 구성 작업'에 가깝다고 강조하지. 기독교 신학이란 "그리스도교의 주장을 강력하고 이해할 수 있으며 동시대적인 방식으로 표현하기 위해 선택된 서너 개의 기본적인 은유들과 모델들을 정교화하는 일"이라는 거야.

맥페이그는 자신의 신학을 우리 시대에 적합한 새로운 은유들과 개념들을 통해 하나님의 구원 능력을 표현하려고 시도하는 '사유 실험'이라고 규정해. 그리고 이는 본질상 허구에 가깝지만 특정 시대에 맞춰 복음을 표현하기 위해서나 그 시대 사람들의 삶을 향상시키기 위해서는 어떤 허구들이 다른 것들보다 더 낫다고 평가할 수는 있다고 강조하지. 이러한 저자의 주장은 성서의 다양한 은유들과 개념들 역시 그 시대에 적실했던 신학의 한 모델이나 본보기였을 뿐, 불변하는 신학을 위한 영구적인 토대가 될 수는 없다는 의미야. 그리고 이는 '왕'이나 '아버지'같이 우리에게 익숙한 성서적 이미지도 시공을 초월해서 하나님을 지시하는 불변의 언어가 될 수 없으며, 이러한 유비적 신학 언어를 이용해 만든 웅장하고 아름다운 고전적 신학의 체계 역시 시대와 상황의 변화에 따라 적실성을 상실하면 과거의 유물이 될 수밖에 없다는 대담한 주장을 담고 있단다.

맥페이그는 과거의 기독교 신학이 '가부장적이고 제국주의적인 하나님'이라는 은유와 '왕의 통치 영역으로서의 세계"라는 모델에 의해 구성되었다고 주장해. 그러나 생태학적 위기와 핵 위협으로 인류가 세상을 파괴할 힘을 갖게 된 '생태학적 핵 시대'에 상황을 악화시키기만 할 뿐 문제 해결 능력은 전혀 보여주지 못하는 전통적인 하나님 은유와 세계 모델은 이제 적절한 은유로서의 기능을 상실했다는 결론을 내린단다. 그리고 하나님의 사랑을 현대인들의 상상력 안으로 끌어들일 수 있는 '어머니·연인·친구'라는 새로운 하나님 은유와 '하나님의 몸'이라는 세계 모델이 우리 시대에 하나님과 세계를 표현하는 더 적합하고 유용한 그림이라고 주장해. 자신의 피조물을 열정적으로 사랑하면서 그들 모두를 완성으로 이끌기 위해 성인이 된 인간과 협력하는 어머니, 연인, 친구라는 새로운 모델이 우리 시대에 더 적합한 하나님상(像)이라는 거야.

저자에 따르면 어머니·연인·친구라는 하나님의 세 은유는 세상에 대한 하나님의 공평하고 상호적인 사랑을 표현하는 삼위일체[12]가 된다고 말해. '어머니'로서의 하나님 상은 모든 생명에 친밀하고 공평한 관심을 기울이시는 '창조자' 하나님을 체현하고, '연인' 하나님은 그 몸을 치유하고 그것과 결합하고자 열정과 고난을 쏟는 '구원자' 하나님을 보여주며, '지속자' 하나님의 사랑인 필리아는 만물의 실현을 위해 우리와 함께 일하시는 '친구'의 사랑이라는 거야. 맥페이그는 이렇게 어머니·연인·친구라는 새로운 하나님의 이름은 각각 창조자·구원자·지속자라는 전통적인 삼위일체 하나님과 일치하며, 이는 이 세 이름이 성부, 성자, 성령이라는 익숙한 삼위일체 하나님의 이름을 대체할 수 있다는 의미라고 주장한단다.

메리 데일리Mary Daly 같은 급진적인 여성신학자들은 여기서 한 발 더 나가. 그는 전통적 신학 언어는 남성에 의해 만들어져 왔고 가부장 제도의 존속을 위해 봉사해왔다고 비판하면서, 여성들의 언어에서 하나님을 가부장적인 '아버지'나 '왕'으로 표현하는 일체의 남성 언어와 상징을 거세해야 한다고 주장해. 그리고 기존의 기독교 전통은 절망적일 정도로 성차별적이며 가부장적이기 때문에 '여성의 경험'이나 '여신성'과 같은 다른 대안을 토대로 여성의 언어로 구성된 새로운 종교적 전통을 만들어야 한다고 말한단다. 맥페이그보다 훨씬 과격하지? 실제로 데일리는 여성들만의 공동체를 세워야 한다는 급진적인 페미니즘으로 기울면서 결국 제도 종교로서의 기독교를 떠나고 말았단다.

---

12) 하나님이 성부, 성자, 성령이라는 세 위격으로 존재하시지만 그 본질은 하나라는 기독교의 독특한 교리. 보통 "하나의 본질, 세 위격(mia ousia, treis hypostasis)"이라는 말로 요약된다.

신학 언어가 '은유'라는 전제에서 출발한 맥페이그의 대담한 신학적 사유는 유비의 언어에 근거해 세워진 전통적인 신학의 전 영역을 흔들어대기에 충분할 만큼 급진적이야. 특히 특정 신학자의 저술이나 특정한 신학 전통에서 나온 교리 체계야말로 시대와 문화를 초월하는 절대 진리에 가깝다고 믿는 대부분의 기독교인에게, 오랫동안 하나님의 신성한 이름이었던 '아버지·아들·성령'을 '어머니·연인·친구'로 바꾸자는 저자의 제안은 당혹과 분노의 반응을 불러일으키게 될 거야. 나 역시 이 책을 읽으며 맥페이그의 생각에 자주 고개를 끄떡였지만, 막상 '어머니'라는 하나님의 은유는 쉽게 받아들여지지 않더구나. 『페미니즘과 기독교의 맥락들』을 쓴 크리스천 페미니스트 백소영 교수가 유학 시절 보스턴의 유신론적 페미니스트 모임에 참여했다가 느꼈던 감정인 "이해는 하지만 불편하고 어색했다"가 딱 내 마음인 것 같아.

그러나 우리가 저자의 생각을 공허한 신학적 망상이나 위험한 이단적 사고로 쉽게 단정해버리기 전에 한 번쯤 생각해봐야 할 것이 있어. 어떤 시대와 장소에서 살아가든 참된 그리스도인이라면 반드시 수백 년 묵은 특정 신조나 신학 체계라는 웅장하지만 오래된 성채에 거주해야 한다는 생각이 과연 타당할까? 오히려 우리는 그 체계들을 과거의 위대한 유산으로 보존하면서 그 아름다움을 상찬하되, 그 가운데 꼭 필요한 지혜만을 취해 우리 시대와 환경에 잘 맞는 좀 더 편리하고 아름다운 '새 집'을 만들어 그 안에서 살아가야 하지 않을까? 지금까지 가톨릭과 개신교를 포함하는 서방신학의 전통은 주로 인간 언어의 한계에도 불구하고 인간의 지성이 유비의 언어를 사용해 하나님에 대해 충분히 묘사할 수 있다는 '긍정신학(theologia positiva)'의 전통에 서서 불변하는 신학의 성채를 만들려고 노력해왔어. 그러나 나는 요즘 들어 유한한 인간 언어가 지닌 제약의 감옥에서 벗어나 은유와 상상력을 통해 하나님의 새로운 얼굴을 발견해가는 '부정신학(theologia negativa)'의 방식에도 매력을 느끼고 있단다.

이제 네 위험한 질문에 답할 때가 된 것 같구나. 네가 했던 질문은 이상하지도 불경하지도 않아. 남존여비로 대표되는 가부장 질서가 점차 무너지고 인권과 평등이라는 보편적 가치가 당연시되는 현대의 상황에서 그간 암묵적으로 수염 난 할아버지나 마초 근육남쯤으로 여겨지던 하나님의 성에 대한 질문은 자연스러운 일이지. 아까도 언급했지만 이 문제에 대한 전통적 기독교의 대답은 하나님은 성을 가지지 않은, 또는 성을 초월한 존재라는 거야. 나 역시 대체로 그 생각에 동의한단다. 그러나 나는 하나님의 성적 중립을 강조하면서도 가부장제야말로 하나님이 친히 만드신 절대불변의 창조 질서라고 강변하거나, "존재는 평등하나 기능이 다르다"는 궤변과 함께 교회 내에서 여성이 목사나 장로가 되는 것을 반대하는 사람들은 '실천적으로' 남성 하나님을 섬기고 있음에 틀림없다고 생각해. 그리고 "하나님이 남성이라면 남성은 하나님이다"라는 메리 데일리의 일갈이야말로 그들이 소망하는 종교의 민낯을 적나라하게 드러냈다고 확신한단다. 너희들이 주역이 되어 꾸려갈 미래의 세상에서는 이 땅의 기독교가 '남성 하나님'이 아닌 '남녀 모두의 하나님'을 섬기는 종교가 되길 바랄 뿐이야.

도움책

∞ 샐리 맥페이그, 『어머니·연인·친구』 정애성 옮김, 뜰밖, 2006
  신학 언어의 본질은 은유이며 '생태학적 핵 시대'인 현대에 하나님의 본질은 어머니·연인·친구라는 새로운 은유로 가장 잘 설명될 수 있다고 주장하는 책.

∞ 메리 데일리, 『하나님 아버지를 넘어서』 황혜숙 옮김, 이화여자대학교출판부, 1996
  여성신학의 선구자였던 저자는 여성들의 언어에서 성차별을 조장하는 남성 언어를 거세하고 여신성에 근거한 새로운 종교를 세우자고 주장하면서 제도로서의 기독교와 결별했다.

∞ 알리스터 맥그래스, 『신학이란 무엇인가』 김기철 옮김, 복있는사람, 2021
  기독교 신학의 역사와 현재 지형도를 잘 보여주는 유명한 기독교 신학 교과서. 『어머니·연인·친구』를 예시로 신학 언어의 본질을 잘 설명하는 장을 만나볼 수 있다.

∞ 이동영, 『송영의 삼위일체론』 새물결플러스, 2017
  하나님에 관한 기독교의 독특한 교리인 삼위일체론에 대해 설명하는 책. 삼위일체 신학의 본질은 송영이라고 주장한다. 하나님의 성(性)에 대한 고전적 기독교의 논의를 만날 수 있다.

∞ 백소영, 『페미니즘과 기독교의 맥락들』 뉴스앤조이, 2018
  페미니즘의 흐름과 기독교 페미니즘의 패러다임들을 소개하고 여성의 눈으로 재구성된 신학과 성경읽기의 다양한 예를 제시하는 기독교 페미니즘 입문서.

죄

—

'생각하기'와 '공감하기'를 거부한
'태만'의 결과

아이히만의 행동에 심오한 의미는 하나도 없어요.
남들이 무슨 일을 겪는지 상상하길 꺼리는
단순한 심리만 있을 뿐이에요.
다른 모든 사람의 처지에서 생각하지 못하는
무능력과 순종을 이상화하는 정신 나간 사고방식.

—한나 아렌트

"요즘 들어 인간이 영원에 도달할 수 있는 길은 오직 하나님 앞에서 자신이 죄인임을 고백하고 그의 은혜를 간청하는 것뿐이라는 교회의 가르침에 거부감이 들어요. 인류가 지금까지 이뤄온 눈부신 진보와 발전을 보면서도 어떻게 인간을 전적으로 무능하고 타락한 죄인으로만 여길 수 있죠? 도대체 죄란 무엇인가요? 인간이 자신의 죄를 벗어날 수 있는 길은 오직 하나님의 은혜에 전적으로 복종하는 길 외에는 없는 것인가요? 그렇게 인간이 죄인임을 강조하는 것은 혹시 '죄'의 이름으로 사람들을 종교에 얽매기 위해서가 아닌가요?"

인간은 유한하지만 영원을 상상할 수 있는 존재야. 많은 사람이 동물 역시 영혼을 가지고 인간과 교감할 수 있는 '비인간 인격체'라고 주장하지만, 그들마저도 동물이 현재가 아닌 영원의 존재를 알고 있다는 증거를 내놓지는 못하고 있지. 이러한 인간의 상황을 설명하기 위해 기독교가 제시하는 개념이 바로 '죄'란다. 영원을 상상할 수 있는 인간이 영원에 도달하지 못하는 이유가 바로 '죄' 때문이라는 거지. 너도 알다시피 성서는 인간이 모두 죄인이라고 선언해. 더 나아가 기독교는 죄란 개별 인간의 존재론적 윤리적 한계라는 실존적 차원에 국한된 문제가 아니라, 세상의 모든 악과 결핍을 초래하는 집단적이고 보편적 현실이라고 주장한단다. 이렇게 모든 인간은 태생적으로 원죄를 지니고 태어난 '죄인'이며, 세상 역시 인간의 죄로 인해 철저하게 타락했다고 보는 관점이야말로 다른 종교와 구별되는 기독교의 큰 특징 중 하나야.

성서의 첫 책인 창세기는 하나님과 같이 되고 싶었던 인간이 선악과를 따 먹지 말라는 하나님의 금령을 어긴 결과로 죄가 이 세상에 들어왔다고 설명해. 그리고 이렇게 죄에 빠진 인간은 죄의 형벌인 죽음에 대한 두려움과 절망에서 벗어나기 위해 끊임없이 신의 자리에 도달하려고 시도하게 되지. 기독교 전통에서는 이러한 죄의 특성을 '교만(hubris)'이라는 용어로 표현해왔어. 인간이 자신의 유한성과 피조물 됨을 망각한 채 하나님의 지위에 오르려 하는 것이야말로 죄의 본질이라는 것이지. 유명한 기독교 교부 아우구스티누스 역시 죄의 본질을 '불순종'으로 규정하면서, 그 기원은 인간 내면에 깊이 자리 잡은 교만과 자기 의존성이라고 주장하지. 이러한 '교만'은 하나님과의 관계에서는 하나님을 거부하고 스스로의 힘으로 영원에 도달하려는 욕망으로 나타나고, 동료 피조물과의 관계에 있어서는 그들을 지배의 대상으로 삼아 착취하려는 성향으로 드러나게 된단다.

　　그러나 자주 간과되고 있지만 기독교 신학에서 죄의 특성을 표현하는 또 하나의 중요한 범주가 있어. 바로 죄를 '태만'으로 규정하는 것이지. 이 견해에 따르면 죄란 우리 자신을 지나치게 높인 나머지 하나님의 것을 찬탈하려는 '교만'이 아니라, 스스로를 평가절하하고 비하함으로써 하나님이 원래 인간에게 바라던 목표에 미치지 못하는 '결핍'이나 '실패'로 정의될 수 있단다. 이러한 태만의 죄는 인간에게 자유와 해방을 선사하는 은혜의 힘을 거슬러 스스로를 비하하거나 파괴하는 수동성이나 노예근성의 형태를 띠게 돼. 사실 인간이 '성인'이 되고 인권이나 평등 같은 가치가 보편화된 현대사회에서는 태만이 점점 더 중요한 죄의 형태로 부각되고 있다고 할 수 있어. 오늘날 많은 신학자들은 전통 신학이 교만으로서의 죄에만 지나치게 몰두한 결과, 기성 질서에 대한 무조건적인 순종을 미덕으로 포장하면서 독립이나 해방을 추구하는 성향을 죄악으로 간주하는 잘못된 분위기를 조장하고 있다고 정당하게 지적하고 있단다.

이러한 전통 신학의 '교만'과 '태만'은 정반대 방향에 자리 잡고 있는 것처럼 보이지만, 사실 공통점도 지니고 있어. 바로 죄라는 개념을 개인적이고 심리적인 차원에만 국한해 이해하려 한다는 것이지. 사실 한국교회의 대부분을 차지하고 있는 보수적 목회자들과 그리스도인들은 철저하게 죄를 개인적인 차원에서 이해하는 데 익숙해. 그분들에게 '사회적 죄'라는 말을 함부로 꺼냈다가는 불온한 사상을 가진 좌파로 몰리기 딱 좋을 거야. 그러나 성서는 죄를 결코 개인적 차원에만 바라보고 있지 않아. 너도 알다시피 구약의 율법서는 끊임없이 고아와 과부를 돌아보며 종과 나그네를 환대하라고 가르침으로써 공동체에 대한 관심을 환기시키고 있어. 그리고 성서에 따르면 이스라엘이 멸망한 이유 중 가장 중요한 두 가지는 야훼 하나님이 아닌 다른 신을 숭배한 우상숭배와 더불어, 가난한 자를 억압하고 그들의 재판을 불공정하게 처리한 사회적 죄야. 공공선의 핵심이라 할 수 있는 공평과 정의가 사라진 세상이야말로 하나님께서 스스로 선택한 민족이었던 이스라엘을 망국과 파멸로 몰아넣을 수밖에 없었던 가장 큰 이유였다는 거야.

나는 지금까지 보수적인 한국교회에서 철저하게 경원시되어 왔지만 현대사회에서 훨씬 중요해진 죄의 두 가지 차원인 '사회적 죄'와 '태만의 죄'에 대해 구체적으로 탐구한 두 학자의 이야기를 나눠보려고 해. 그들은 기독교인이 아닐뿐더러

(르네 지라르는 말년에 가톨릭으로 개종했어) 그들의 연구 역시 신학이 아닌 일반 인문학의 전통에 기반을 두고 있지. 그럼에도 나는 그들의 연구가 '사회적 태만으로서의 죄'라는 중요한 주제를 어떤 신학적 연구보다 훨씬 구체적이고 설득력 있게 밝혀주고 있다고 생각해. 바로 유대계 정치철학자 한나 아렌트Hannah Arendt와 프랑스 인류학자 르네 지라르René Girard의 이론이야.

한나 아렌트는 유대계 독일인으로 2차 세계 대전 당시 나치 독일의 박해를 피해 미국으로 망명해 전체주의에 대한 연구로 막 명성을 얻기 시작한 정치철학자였어. 그는 한 언론사의 의뢰로 아돌프 아이히만Adolf Eichmann이라는 한 독일인의 재판에 참관할 기회를 얻게 돼. 아이히만은 나치 독일의 유대인 대학살을 위한 이송 계획을 책임졌고 종전 후 아르헨티나로 도주했다가 이스라엘 정보요원들에게 납치되어 이스라엘의 법정에 서게 된 인물이었지. 그 재판에서 아이히만은 자신이 유대인들을 학살할 의도가 전혀 없이 상관의 명령에 따라 자신에게 맡겨진 임무에만 충실했으므로 무죄라고 주장했어. 그리고 아렌트는 재판이 진행되는 과정에서 그가 악의 화신일 것이라는 예측과 달리 의외로 멀쩡하고 평범해 보이기까지 하다는 사실을 발견했지. 그러나 아이히만을 자세히 관찰하던 아렌트는 곧 그의 문제가 "다른 사람의 처지에서 생각하지 못하는 무능력과 순종을 이상화하는 정신 나간 사고방식"이라는 사실을 깨닫게 돼.

아렌트는 취재를 마친 후 그 결과를 담은 『예루살렘의 아이히만』이라는 책을 펴냈고, 그 책은 곧 뜨거운 논란의 중심에 서게 된단다. 아렌트가 이 책에서 아이히만은 악의 화신이거나 괴물이 아니며, 그가 저지른 죄의 본질이 자신의 행위가 야기할 결과에 대해 철저하게 사유하는 대신 순종의 편안함을 선택한 것이라고 주장했기 때문이야. 죄란 타인의 입장에서 사고하는 능력과 타자의 고통에 공감하는 능력이 결여된 사람이 '관성대로 굴러가기'를 선택할 때 발생한다는 것이지. 아렌트는 이를 '악의 평범성(banality of evil)'이라 이름 붙였어. 사실 '평범성'보다는 '진부성'이라는 용어가 더 적합한 번역이라고 할 수 있지. 한마디로 제2차 세계 대전 당시 벌어진 전대미문의 유대인 학살(Holocaust)은 일반인이 가지지 못한 사악함으로 무장한 악의 화신들이 아니라, 타인의 고통에 대한 사유와 공감의 능력을 완전히 상실해버린 모자란(진부한) 인간들에 의해 자행되었다는 거야.

이는 죄란 인간을 인간이도록 만드는 '생각하기'와 '공감하기'를 거부하는 '태만'의 결과라는 사실을 의미한단다. 또한 흔히 그리스도인의 가장 커다란 미덕으로 여겨지고 있는 '권력에 대한 순종'이야말로 인류 역사 최악의 절대악(absolute evil)을 불러낸 무서운 죄악 중 하나였다는 고발이기도 하지. 실제로 나치 시대에 대부분의 보수적인 독일 기독교인들은 히틀러를 독일 민족을 구원할 지도자로 간주하면서 나치의 인

종 학살에 대해 철저하게 침묵하거나 방임하는 태도를 보였어. 나는 타자에 대한 몰이해와 타인의 고통에 대한 비공감이 '죄'의 본질이라는 아렌트의 생각이야말로, 정죄와 혐오의 광기에 사로잡혀 심판자 노릇에만 몰두하는 오늘날의 한국교회가 귀를 기울여야 할 가장 적실한 죄론이라고 생각해.

죄를 '사회적 태만'과 '관성대로 굴러가기'의 관점에서 설명한 또 다른 탁월한 인문학적 설명은 프랑스의 인류학자 르네 지라르에게서 나왔어. 지라르는 인간이란 '욕망하는 존재'이며 욕망으로 인한 질투야말로 인간에게 주어진 실존의 조건이라고 주장해. 그런데 지라르에 의하면 사람이 지니는 욕망의 본질은 대상 자체가 아닌 그 대상을 소유한 이웃(중계자, model)에 대한 욕망 즉 '모방욕망'이야. 내가 무언가를 가지지 못한 것이 문제가 아니라, 내가 가지지 못한 것을 나와 가까운 이웃이 가졌다는 것이 문제라는 거야. "사돈이 논을 사면 배가 아프다"는 우리나라 속담이 이러한 모방욕망의 속성을 아주 잘 보여주지. 지라르는 이 경우 주체와 중개자 사이에는 질투심으로 인한 갈등과 경쟁이 발생하게 되고, 이는 결국 집단 전체를 갈등과 폭력에 빠뜨려 집단의 존립 자체를 위협한다고 설명한단다. 모방욕망을 해결하지 못하는 사회는 예외 없이 질투로 인한 파멸로 치닫게 된다는 거지.

지라르는 이러한 모방욕망으로 인한 무질서와 폭력이라는 위기에 대처하기 위해, 유사 이래 인류의 모든 문명과 사회는 그 사회의 경계에 위치해 있는 무고한 약자나 소수자 집단—예를 들면 전쟁 포로, 어린아이, 유대인, 장애인 등—을 희생양으로 삼아 위기의 책임을 전가한 후 집단으로 폭력을 행사하고 살해하는 '초석적 살해'를 행해왔다고 주장해. 그리고 어느 정도 시간이 경과한 후에는 반대로 이 희생양을 신격화하거나 전지전능한 조작자로 만들어 제의의 대상으로 삼는다고 설명하지. 지라르는 이러한 방식으로 작동하는 희생양 메커니즘이야말로 모든 인류 문화의 공통된 기원이며, 인류의 모든 신화는 무고한 희생양에 대한 집단 폭력과 살해의 기억을 은폐하고 있는 '박해의 텍스트'라고 강조한단다.

그런데 이 지점에서 지라르는 꽤 놀랍게도 기독교와 예수를 소환해. 예수는 이러한 희생양 메커니즘의 밖에서 거룩한 타자로 오신 분이며, 그의 죽으심은 모든 인류 문화와 성스러운 신화가 감추고 있는 폭력의 메커니즘을 단 한 번에 철저히 드러낸 사건이라는 거야. 그리고 예수의 수난과 십자가 죽음을 기록한 신약성서의 복음서는 희생자의 입장에서 박해를 있는 그대로 묘사하여 감추어진 폭력과 집단 살해를 드러냄으로써 희생양 메커니즘 자체를 해체시켜 버리는 독특한 텍스트라고 주장하지. 또한 지라르는 '사탄'이란 희생양 메커니즘이 작동할 수 있게끔 희생양의 유죄를 모든 공동체 구성원에게 믿게 하여 집단 살해에 가담하게 하는 힘이거나, 무고한 희생양에게 행사되는 폭력 그 자체라고 말하고 있어. 우리가 지라르의 이해를 수용한다면 '죄'란 예수가 폭로한 희생양 메커니즘의 망령을 다시 불러들여 무고한 소수자나 약자들을 희생양으로 삼아 자신들의 폭력성을 은폐하고 무죄를 입증하려는 사탄적인 행위라 할 수 있겠지. 나는 이러한 이해가 오늘날 성서가 말하는 '죄'가 세상에서 구체적으로 어떻게 작동하고 있는지, 그리고 그리스도인들이 자신들의 태만과 개념 없음으로 인해 어떻게 그 집단적 죄에 가담하고 있는지 생생하게 보여주는 좋은 예라고 생각해.

나는 성인이 된 세상에서 가장 중요한 죄는 의존성과 타성이라는 유아적 태도에서 한 발짝도 떼려 하지 않으면서 타인의 고통에 대해 철저하게 비공감과 무관심으로 일관하는 '태만'의 죄라고 생각해. 그렇다면 하나님이 우리 시대에 보내신 가장 중요한 예언자는, 무사고와 비공감의 죄를 용감하게 지적했던 한나 아렌트나 희생양 만들기와 초석적 살해에 생각 없이 휩쓸리는 대중들에 대해 날카롭게 비판했던 르네 지라르처럼, 사회적 태만의 죄를 지적하는 일군의 학자들이 아닐까? 그리고 불합리한 고난에 대해 하나님께 용감하게 항의했던 욥이나 신의 영역에 속한 불을 훔쳐 인간을 위해 사용했던 프로메테우스야말로 우리 시대의 참된 의인이지 않을까? 나는 네가 절대자에 대한 순종이나 운명의 무게를 핑계로 삼은 채 '생각 없이' '관성대로 굴러가는' 태만의 죄에 빠지지 않기를 바랄 뿐이야.

도움 책

∝ 한나 아렌트, 『예루살렘의 아이히만』 김선욱 옮김, 한길사, 2006
아이히만에 대한 세기적 재판을 취재한 후 아렌트가 쓴 보고서. '악의 평범성'이라는 개념을 유행시키며 논란의 중심에 섰던 문제작.

∝ 한나 아렌트, 『한나 아렌트의 말』 윤철희 옮김, 마음산책, 2016

∝ 켄 크림슈타인, 『한나 아렌트, 세 번의 탈출』 최지원 옮김, 더숲, 2019
앞의 책은 저자가 '악의 평범성'을 포함한 자신의 중요한 생각을 직접 설명한 대담집이며, 뒤의 책은 '세 번의 탈출'을 모티프로 아렌트의 삶과 사상을 그린 그래픽 노블이다. 난해한 아렌트 이해의 길잡이로 추천한다.

∝ 르네 지라르, 『희생양』 김진식 옮김, 민음사, 2007

∝ 르네 지라르, 『나는 사탄이 번개처럼 떨어지는 것을 본다』 김진식 옮김, 문학과지성사, 2004
모방욕망-희생양이론-복음서로 이어지는 지라르 사상의 흐름과 핵심을 잘 담고 있는 저서. 그의 책 중 비교적 부피가 작고 서술이 평이해 읽기 쉽다.

∝ 김모세, 『르네 지라르』 살림, 2008
일정 수준의 선이해 없이는 정확하게 이해하기 쉽지 않은 지라르의 사상을 쉽고 명확하게 해설하는 책. 지라르의 저술들에 본격적으로 도전하기 전에 읽으면 도움이 된다.

수치

—

국화와 칼

> 미국의 문화는 죄의식이 지배하는 문화인 반면,
> 일본의 문화는 수치의 문화이다.
> 죄의식의 문화에서는 선과 악을 구분한 후
> 악한 행동을 했을 때 스스로의 내면에서 발생하는
> 죄의식에 저해되지 않도록 행동하는 반면,
> 수치심의 문화에서는 정해진 규칙을 지키지 못했을 때
> 남들 앞에서 초래될 수치심과 명예의 훼손을 피하기 위한
> 행동을 하게 된다.
> –루스 베네딕트

"전에 아빠와 함께 의료봉사를 갔을 때 수많은 사람이 아침부터 줄을 서 있는데 옷차림이 훌륭하고 지위가 높아 보이는 현지인 남자 한 사람이 줄을 무시한 채 막무가내로 자기 가족과 친지들을 이끌고 병원으로 들어온 적이 있었어요. 저는 어떻게 그렇게 대놓고 새치기를 할 수 있느냐고 분노했지만 아빠는 묵묵히 그 사람들을 진료해주었지요. 그리고 나중에 이런 문화권에서는 높은 지위에 있는 사람에게 다른 사람들 앞에서 수치로 느껴질 행동을 함부로 해서는 안 된다고 말했어요. 그렇다면 그 사람에게 수치감을 주지 않기 위해 아침부터 줄을 서 있었던 사람들은 무시해도 되나요? 그런 행위를 눈감아주는 것이야말로 약자를 배려하는 하나님의 정의에 어긋나는 일이 아닌가요? 이런 경우에 어떻게 해야 하는 거죠?"

그때 그 일이 상당히 마음에 남았던 모양이구나. 지금의 한국 문화에 익숙한 네가 그런 일을 처음 목격했다면 불편한 마음이 드는 것이 당연해. 그런데 사실 그런 새치기 정도는 불과 한 세대 전만 해도 우리나라에서도 흔히 접할 수 있는 일이었어. 게다가 그 문제는 선악의 흑백논리로 간단히 평가할 만큼 단순하지 않아. 그들이 새치기라는 잘못된 행동에 대해 윤리적으로 둔감함이 문제의 핵심이 아니기 때문이지. 진짜 문제는 우리와 그들 사이에 무엇이 잘못인지에 대한 이해 자체가 다르다는 거야. 중앙아시아의 한 국가에 의료봉사를 갔을 때 겪었던 당혹스러웠던 사건에서부터 이야기의 실마리를 풀어가는 것이 좋겠구나.

　　그해의 의료봉사는 특별히 우호적인 분위기 속에서 진행되었단다. 그리고 현지 안과 의사들은 백내장 수술을 정말 배우고 싶어 했지. 그래서 함께 갔던 동료 원장님 한 분이 그들에게 기꺼이 수술을 가르쳐주기로 했어. 그런데 그 원장님이 수술을 가르치기로 한 첫날, 외래진료 후 오후에 수술실로 들어가 보니 웬일인지 언제나 수술 현미경 옆에서 열심히 지켜보던 현지 의사들이 보이지 않았어. 그리고 한참 수술을 진행하고 있는데 갑자기 통역자가 심각한 표정으로 잠시 수술을 중단해야 할 것 같다고 말하더구나. 현지 의사들이 갑자기 여러 가지 문제를 제기하면서 우리의 수술에 제동을 건다는 거야. 다행히 여러 사람의 노력으로 수술이 중단되는 사태까지

　　　　　　　　　　　　　　　　　　믿음을 묻는 딸에게,

이르지는 않았단다.

사실 아직도 왜 갑자기 그들의 태도가 바뀌었는지 정확한 이유는 미스터리야. 그러나 오전부터 수술실에 있었던 팀원들의 이야기를 전해 들으면서 한 가지 짚이는 부분이 있었단다. 현지 안과 의사가 백내장 수술을 시행하면서 실수로 환자의 눈에 심한 손상을 줄 뻔했고, 수술을 가르치기 위해 옆에서 지켜보던 원장님이 깜짝 놀라 반사적으로 큰 소리를 냈다고 해. 그 후로 그 원장님이 바로 손을 바꾸어 수술의 나머지 부분을 무사히 마쳤고. 그런데 수술이 끝난 후 현지 의료진들이 갑자기 공격적인 태도로 돌변하기 시작했다는 거야. 자원봉사로 참여했던 현지 교민들에게 물어보니 현지 의료진들이 이 상황을 여러 사람 앞에서 공개적인 수치를 당한 것으로 여겨 민감하게 반응한 것이 아닐까 추측하더구나.

너와 거의 같은 경험을 했던 어떤 봉사자가 들려준 실수담도 도움이 될 것 같구나. 서남아시아의 한 국가에 처음으로 의료봉사를 가게 된 그분은 병원을 찾은 환자들의 질서를 유지하는 역할을 맡게 되었다고 해. 그런데 대부분 나이 든 남성인 지역의 유지들이 자신의 일가친척까지 함께 데려와 특별대우를 요구하는 일을 빈번하게 목격하게 되었다는 거야. 어렸을 때부터 미국에 살아 서구식 정의 관념에 익숙했던 그분은 그 유지들에게 당장 나가서 줄을 서라고 호통을 치며 병원 바깥으로 쫓아버렸다고 해. 그런데 많은 사람 앞에서 공개적으로 수치를 당한 지역 유지들은 그때부터 이런저런 이유를 대며 의료봉사의 진행을 심각하게 방해하기 시작했다는 거야. 그뿐 아니라 이 봉사자는 이들에게 새치기를 당한 사람들조차 그가 시행한 '정의'에 대해 그다지 우호적인 반응을 보이지 않는 것을 보고 적지 않게 당황했다고 하더구나. 결정적으로 그 팀은 다음 해부터 허가를 얻지 못해 다시는 그 지역에 봉사하러 가지 못하게 되었다고 해.

나는 이러한 경험을 설득력 있게 설명할 수 있는 학문적 틀을 제시한 한 학자의 이름을 알고 있단다. 바로 근대 인류학의 터를 닦은 선구자 중 한 분인 루스 베네딕트Ruth Benedict야. 베네딕트는 2차 세계 대전 중인 1944년 미국 국무부로부터 일본에 대한 연구를 의뢰받아 쓴 고전적 저술인 『국화와 칼』이라는 책에서 '수치의 문화'와 '죄의식의 문화'라는 유명한 구분을 처음으로 제시했단다. 베네딕트에 따르면 미국의 문화는 죄의식이 지배하는 문화인 반면, 일본의 문화는 수치의 문화로 규정할 수 있어. 죄의식의 문화에서는 선과 악을 구분한 후 악한 행동을 했을 때 스스로의 내면에서 발생하는 죄의식에 저해되지 않도록 행동하는 반면, 수치의 문화에서는 정해진 규칙을 지키지 못했을 때 남들 앞에서 초래될 수치심과 명예의 훼손을 피하기 위한 행동을 하게 된다는 거야.

이러한 이해에 따르면 죄의식의 문화 속에서 사는 사람들에게는 스스로의 내면에 위치한 도덕의 규준과 양심을 위반하지 않는 것이 중요하지만, 수치의 문화 속에서 살아가는 사람들에게는 타인과의 관계가 어긋나거나 타인 앞에서 체면을 잃지 않는 것이 중요해. 여기서 주목할 사실은 죄의식의 기준은 '나의 내면' 혹은 '나의 양심'이고 수치심의 기준은 '타인의 시선'이라는 거야. 이 설명을 우리가 겪고 들었던 상황에 대입해보면 현지 의사들과 지역 유지들의 분노가 이해되는 측면이 있어. 서양식 선이나 정의 관념에 익숙한 봉사자들에게는 수술 중 위험을 발견했을 때 즉각 개입해 해결하거나 노약자나 여성을 우선시하는 것이 너무나 당연했던 반면, 현지인들에게는 동일한 상황에서 많은 사람 앞에서 그것도 자신보다 신분이 낮은 사람들 앞에서 당한 명예의 훼손인 '수치'야말로 도저히 용납할 수 없는 악이었던 거야.

사실 이러한 죄의식 문화는 흔히 서구 문명의 뿌리라 할 수 있는 기독교에 그 기원을 둔 것으로 여겨져 왔단다. 그러나 신약성서를 연구하는 학자인 크리스터 스탠달Krister Stendahl은 서구 기독교 세계를 특징짓는 '죄의식의 문화'와 이에 기초한 '자기 성찰적 양심'이 기독교가 막 생겨난 AD 1세기에 살았던 그리스도인들에게도 낯설었다고 주장해. 그는 신약성서 로마서에 나오는 "내가 원하는 선은 행하지 않고 원치 않는 악을 행한다"는 유명한 바울의 말이 분열된 내면과 그로 인한 양심의 고통에 시달리는 인간의 보편적인 곤경을 보여준다는 기독교의 전통적 이해는 잘못된 것이라고 말해. 성서 본문을 잘 살펴보면 바울은 자신만만하고 떳떳한 내면을 가진 사람으로 회심 전이나 후나 양심의 가책으로 고통받았던 흔적이 없다는 거야. 최근에 성서를 연구하는 몇몇 학자들은 바울이 내면의 죄의식이라는 심판관의 감시 아래 고뇌하는 자기 성찰적 인간이었다는 생각은, 16세기를 살았던 종교개혁자 마르틴 루터가 자신이 가졌던 문제의식을 1세기의 고대 유대인인 바울이 쓴 본문에 투사해 잘못 읽어낸 결과라고 주장하고 있단다.

또한 성서학자인 브루스 말리나Bruce Malina는 신구약성서의 배경이 되는 AD 1세기경 동부 지중해의 사회체계를 인류학의 눈으로 살펴본 결과, 그 사회는 전형적인 '명예-수치의 문화'를 그 배경에 깔고 있으며, 따라서 바울의 이야기를 포함하는 신약성서의 본문들 역시 '죄의식'이 아닌 '명예와 수치'라는 렌즈를 통해서 읽어야 한다는 결론에 도달했어. 그는 '명예'란 한 개인이 사회에서 지니는 적합한 자리인 '사회적 지위'와 관계가 있으며, 그의 계급에 적합한 방식으로 다른 계급의 사람들과 상호작용하도록 권리를 부여해주는 사회적 등급이라고 주장해. 이 말은 자격에 상관없이 모든 인간이 동등하다는 '존엄'을 사회 구성 원리로 가지는 서구인들이 보기에는 위에 언급했던 사건들이 명백히 불공평하고 정의롭지 못해 보이지만, 명예-수치 문화를 가진 사회에서 살아가는 사람들에게는 높은 지위를 가진 사람이 더 많은 권리를 가지는 것이 당연시된다는 것이지. 결국 개인주의적인 '죄의식의 문화'는 근대 이후의 서구

사회와 서구화된 사회의 전유물일 뿐이며, 모든 고대 세계와 대부분의 현대 비서구 세계는 모두 공동체적인 '명예-수치 문화' 속에서 살아가고 있다고 봐도 무방하다고 할 수 있어.

우리는 다른 문화와 접촉할 때 가끔 문화의 차이에서 오는 딜레마에 빠지게 된단다. 사실 해외봉사를 다니기 전까지만 해도 나는 우리나라가 전형적인 명예-수치 문화권이라고 생각하고 있었어. 그런데 봉사를 다니게 되면서부터 특히 의료와 같은 영역에서는 우리도 급격히 서구적인 죄의식의 문화에 익숙해지고 있다는 사실을 새삼 깨닫게 되었지. 이 상황에서 네가 던진 질문은 매우 중요해. 과연 우리보다 수치와 명예에 훨씬 민감한 지역에서 봉사할 때 현지 의사가 체면을 잃지 않게 하기 위해 환자가 위험에 빠지는 것을 방치해야 할까? 과연 지역 유지들이 수치를 당하는 것을 막기 위해 어떤 종류의 새치기나 특혜도 모르는 척 넘어가야 하는 것일까? 극단적 예를 들자면 선한 일을 하기 위해 노예제도나 카스트제도와 같은 명백하게 불의한 현상을 묵인하거나 심지어 그러한 제도를 이용하는 것도 용인될 수 있는 것일까?

이 질문에 대한 나의 잠정적인 결론은 우리가 다른 문화를 가진 사람들과 접촉할 때는 설령 불의하고 불합리해 보인다고 할지라도 그들의 문화를 우리의 기준에 맞춰 성급하게 비판하거나 함부로 바꾸려 해서는 안 된다는 거야. 교류나 봉사와 같이 선한 목적을 이루기 위해서는 아무리 우리의 정의

감에 맞지 않는다고 할지라도 그들의 문화와 어느 정도 타협이 불가피하다는 뜻이지. 대체로 문화는 그 문화를 떠받치는 사회경제적 토대에 변화가 있을 때 비로소, 그것도 그 변화보다 훨씬 천천히 변화하는 경우가 많단다. 그리고 때로는 그 사회의 현실 속에서 우리 문화가 그들의 문화보다 항상 더 우월한지가 명확하지 않은 경우도 많지. 따라서 우리는 가능하면 타국의 문화를 이해하고 존중하도록 노력해야 하며, 특히 봉사자는 자신의 어설픈 정의감이 봉사라는 더 큰 대의를 망치지 않도록 주의해야 한단다.

그러나 나는 우리가 명백히 불의하거나 불공정해 보이는 현지의 문화에 완전히 굴복하거나 동화되는 것처럼 비치는 것도 절대 바람직하지 않다는 네 견해 역시 충분히 일리가 있다고 생각해. 그렇다면 어떻게 해야 그들의 문화를 존중하면서도 그에 동의하지 않을 수 있을까? 나는 우리가 가진 올바름의 잣대를 스스로에게 적용해 먼저 우리가 변화되고 우리의 변화된 모습을 통해 현지인들에게 모범을 보이는 것이 가장 좋은 방법이라고 생각해. 예를 들어 의사의 체면보다 환자의 안녕이 소중하다는 것을 보여주고 싶다면 우리가 먼저 현지의 환자들에게 최선을 다해야 하고, 봉사가 끝나 돌아온 후에도 어떤 방식으로든 끝까지 현지의 환자를 책임지려는 모습을 보여야 하겠지. 만약 그들에게 특혜 없는 정의를 실현하고 싶다면 우리가 먼저 솔선수범해 윗사람이 모든 특혜를 포기하고 아랫사람을 섬기는 모습을 보여주어야 한다는 거야.

그리스도인은 성육신하신 예수를 구원을 주시는 하나님으로 믿는 신자일 뿐 아니라, 자신의 십자가를 지고 십자가에 달린 예수를 따르는 사람 즉 그의 제자이기도 하단다. 그리고 한 사람의 제자됨이란 권력을 휘두르고 부를 과시하며 지식을 자랑하는 것을 통해서가 아니라, 예수를 따라 낮아지고 섬기며 모범을 보이는 삶의 방식을 통해 드러나게 돼. 사도 바울은 갈라디아서에서 예수 그리스도의 선물로 신의 양자가 되는 최고의 명예를 획득한 갈라디아인들에게 다시 서로의 종이 되라고 요구해. 학자들은 최고의 명예를 얻은 사람에게 다시 수치의 자리로 돌아가라는 이 놀라운 요구야말로 그 시대의 '명예-수치 문화'를 완전히 전복하는 급진적 메시지라고 평가한단다. 나는 이러한 모범과 포기와 희생의 방식이야말로 그리스도인이 복음과 하나님 나라를 세상에 전파하는 행위인 '선교'의 유일하게 가능한 형태라고 믿는단다. 응? 말로만 하지 말고 집에서 먼저 실천하라고?

도움 책

∝ 루스 베네딕트, 『국화와 칼』, 박규태 옮김, 문예출판사, 2008
근대 문화인류학의 거장인 저자가 제2차 세계 대전 중 미 국무부의 의뢰를 받아 쓴 고전적인 일본 문화 연구서. 일본과 미국의 문화를 '수치의 문화'와 '죄의식의 문화'로 규정했다.

∝ 크리스터 스탠달, 『유대인과 이방인 사이에 있는 바울』, 김선용·이영욱 옮김, 감은사, 2021
저자는 바울이 죄의식으로 고뇌하던 '자기 성찰적 양심'을 가진 사람이었다는 전통적 견해를 거부하면서 개신교의 중요한 교리 중 하나인 이신칭의에 이의를 제기한다.

∝ 브루스 말리나, 『신약의 세계』, 심상법 옮김, 솔로몬, 2001
신약성서의 배경이 되는 1세기 지중해 세계를 이해하기 위한 문화인류학적 통찰을 담은 책. 명예/수치, 정결/불결을 포함해 신약성서 이해에 유용한 몇 가지 범주들을 만나볼 수 있다.

고통
-
타인의 고통을 줄여주는 삶

고통의 이미지들이 범람할수록 사람들은 폭력에 중독되어
타인의 고통에 무감각해지게 된다.
−수전 손택

"끊임없이 벌어지는 전쟁과 재해로 고통받는 사람들을 보면 '하나님이
존재하신다면 어떻게 저런 끔찍한 일들이 벌어질 수 있는가', '저들이
당하는 고통은 무슨 의미가 있는가'라는 질문이 생겨요. 인간을 사랑하
는 정의로운 신이 우리가 사는 세상을 지배한다면, 죄 없는 사람들이 끊
임없이 고통당하는 세상의 현실을 어떻게 설명할 수 있죠? 특별히 고통
받는 사람들을 보면서도 그 고통이 인간의 죄 때문이거나 예수를 안 믿
어서 그렇다는 말을 쉽게 내뱉는 일부 기독교인들을 보면 정말 끔찍해
요. 고통으로 가득한 세상 앞에서 그리스도인들은 어떻게 생각하고 살
아야 하는 것일까요?"

믿음을 묻는 딸에게,

예전에 근무하던 병원에서 겪었던 일이야. 병원에 부임한 후 얼마 되지 않아 그 지역에 유난히 다래끼 환자가 많은 것 같다는 느낌을 받았단다. 그래서 직원들에게 어찌 된 일이냐고 물어보니 내가 온 후로 갑자기 다래끼 환자가 늘어난 것 같다는 대답이 돌아왔어. 자초지종을 알아보니 근처에 계신 안과 원장님이 마취를 제대로 안 하고 다래끼를 제거하는 바람에 환자들이 수술에 대해 엄청난 공포감을 느끼고 있었는데, 내가 충분한 마취를 시행한 후 비교적 통증 없이 수술하는 것이 알려지면서 다래끼 환자들이 몰려든 거야.

사람들에게 누가 명의냐고 물으면 대부분 죽을병에 걸린 사람을 살려내는 의사를 떠올릴 거야. 그러나 막상 병원을 찾은 환자들에게 '명의'란 최대한 아프지 않게 치료하는 의사인 경우가 많아. 병원에 찾아온 환자들에게 처치나 수술이 필요하다고 말하면 거의 예외 없이 첫 번째로 나오는 질문은 "얼마나 아파요?"야. 대부분의 사람들이 가장 두려워하는 건 죽음이겠지만, 진료실에서 환자들을 대하다 보면 고통에 대한 두려움 역시 그에 못지않다는 느낌을 받을 때가 많단다. 고통의 문제에 관심을 가졌던 철학자 손봉호 교수는 인간은 쾌락을 추구하려는 성향보다 고통을 피하려는 욕구가 훨씬 강하며, 따라서 한 공동체의 윤리적 목표는 '최대 다수의 최대 행복'이 아니라 가장 적은 사람이 고통받는 '최소 고통의 상태'에 도달하는 것이어야 한다고 주장한단다.

심지어 고통은 인간 생명의 절대성이라는 가장 중요한 윤리적 전제마저도 논란의 대상으로 만들 수 있어. 바로 의료 윤리 영역에서 민감한 주제 중 하나인 안락사 논쟁에서 벌어지는 일이지. 안락사란 "한 사람의 최선의 이익을 위해 그 사람의 죽음을 의도적으로 야기하는 것"으로 정의할 수 있어. 그런데 현실 속에서 한 개인이 생명보다 앞서는 '최선의 이익'을 얻기 위해 죽음을 선택하는 것이 정당화될 수 있는 유일한 경우란, 오직 환자가 극심한 고통을 느낄 뿐 아니라 그것을 제거하거나 감소시킬 다른 가능성이 존재하지 않는 경우뿐이야. 회복 가능성이 없는 극단적인 고통과 함께 삶을 이어가기보다 때론 죽음이 더 큰 유익이 될 수도 있다는 뜻이지. 안락사란 고통에 대처하는 가장 소극적이고 비생산적인 방식이며 누구도 그것을 찬양해서는 안 된다고 주장하는 손봉호 교수조차도 우리에게 극심한 고통 앞에서 자살이나 안락사를 선택한 사람을 비판할 권리까지는 없다고 말하고 있단다.

오늘날 우리는 타인의 고통을 안방에서 영상이나 이미지로 소비하는 시대를 살아가고 있어. 미국의 작가 수전 손택 Susan Sontag은 우리가 매일 미디어를 통해 접하는 고통받는 인간의 이미지들은, 찍는 사람에게나 보는 사람에게나 그 사진에 담긴 사람이 겪고 있는 고통에 대한 공감이나 연민을 요구하지 않는다고 말해. 이는 그 사진들이 인간을 인간답게 대해야 한다는 가장 기본적인 예의를 무시할 뿐 아니라, 편안한 실내에서 고통받는 사람들을 감상할 '특권'을 누리는 우리를 타인의 고통을 소비하는 구경꾼과 관음증 환자로 만들고 있다는 뜻이지. 손택은 이렇게 고통의 이미지들이 범람할수록 사람들은 폭력에 중독되어 타인의 고통에 무감각해지게 된다고 말해. 그리고 설령 누군가 그 사진들을 보면서 연민과 분노를 느낀다 해도, 이는 사진에 찍힌 사람의 고통이 나와 아무 관계가 없음을 입증하는 알리바이로 소비될 가능성이 높다고 강조한단다.

문제는 고통이란 지금 타인의 고통을 편안하게 감상하는 사람에게도 언젠가는 반드시 닥치게 될 인간의 보편적 현실이며, 아무리 무신경한 사람도 자신에게 닥친 고통에 대해서는 절대 구경꾼이나 관음증 환자가 될 수 없다는 거야. 20세기를 대표하는 기독교 변증가인 C. S.루이스Clive Staples Lewis는 『고통의 문제』라는 책에서 "고통이란 귀먹은 세상을 불러 깨우는 하나님의 메가폰"이며 "만사가 잘 돌아가고 있다는 환상을 깨뜨리는 데 도움을 주어 하나님이 반항하는 영혼의 요새 안에 진실의 깃발을 꽂을 수 있게 한다"고 주장했지. 그의 견해는 "고통이란 변장한 하나님의 축복"이라는 말로 요약되어 오늘날도 수많은 설교단에서 고통에 대한 기독교의 표준적 답변으로 자주 인용되고 있단다. 그러나 루이스는 막상 인생 말년에 사랑에 빠졌던 여성이 암으로 세상을 떠나자 처참할 정도로 자기 통제를 잃고 무너지고 말지. 그는 사랑하는 사람의 죽음 앞에서 "대답은 없다. 그저 잠긴 문, 철의 장막, 텅 빈 허공, 절대적인 무의 세계만 있을 뿐. 구하여도 얻지 못 하리라. 구하다니 내가 바보였다"라고 절규하면서 "대체 하나님은 어디 계시기에 우리가 번성할 때는 사령관처럼 군림하시다가 환난의 때에는 이토록 도움 주시는 데 인색한 것인가?"라고 울부짖어.

나는 다른 모든 인간들과 마찬가지로 지금까지 크고 작은 고통을 겪어왔고, 고통의 기원과 목적 그리고 해결 방식에 대한 많은 설명을 들어왔어. 그러나 기독교의 가르침을 포함해 나와 세상의 모든 고통을 남김없이 설명할 수 있는 완전한 답변을 접하지는 못했단다. 아직 내게 고통은 어떤 이론이나 설명으로도 완벽히 이해되지 않는 수수께끼이자 삶의 어려움과 절대자의 심연을 보여주는 신비로 남아 있어. 그러나 나는 살아가면서 고통에 대해서도 '확실하다'고 말할 수 있는 세 가지 사실이 존재한다는 것을 점차 깨달아가고 있단다. 그 세 가지란 지금 고통당하는 사람들에게 당장 필요한 것은 설명이나 훈계가 아니라 공감과 위로라는 것, 내 고통은 타인의 고통에 대한 무지와 무감각을 깨우는 가장 효과적인 각성제라는 것, 그리고 타인의 고통에 대한 공감 능력이야말로 한 사람의 성숙을 보여주는 핵심적인 표지라는 것이야.

첫 번째 확신은 지금 고통을 당하는 사람에게는 아무리 타당한 설명이나 훈계도 별 도움이 되지 않거나 오히려 고통을 악화시키는 폭력으로 작용하는 경우가 많다는 거야. 구약성서

믿음을 묻는 딸에게,

에 나오는 유명한 인물인 욥은 하나님의 축복을 누리는 완전한 사람에서 졸지에 아무런 이유도 없이 가족과 자녀들을 모두 잃고 자신도 심한 질병으로 고통당하는 비참한 상태로 전락하고 말아. 이러한 욥을 찾아온 세 명의 친구는 현세적인 인과응보라는 자신들의 종교적 신념에 따라, 욥이 당하는 극심한 고난은 그의 죄에 대한 징벌이기에 하루빨리 회개하고 하나님께로 돌아와야 해결될 수 있다고 다그치지. 나는 어떤 고통이 죄의 결과로 찾아올 수 있다는 데 동의하지만, 고통당하는 사람들 앞에서 그 고통이 죄의 결과라는 이야기를 아무렇지도 않게 내뱉을 정도로 '믿음 강한' 신자들에 대해서는 강한 거부감을 느낀단다. 지금 고통받는 사람들에게 가장 필요한 것은 고통에 대한 심오한 해석과 설명보다 함께 있어주고 공감해주며 위로와 애도를 표하는 것이라고 믿기 때문이지.

　　두 번째 확신은 나의 고통은 타인의 고통에 대한 민감성을 높여주는 가장 강력한 촉매제라는 거야. 욥은 극심한 고통이라는 자신의 경험을 성찰하면서 자신이 부당한 고통을 당한 유일한 사람이 아니며, 세상에서 힘없고 가난한 자들이 지금까지 항상 있었던 바로 그 자리에 자신이 지금 막 끼어들어 한 자리를 차지했을 뿐임을 깨닫게 돼. 사랑하는 사람의 고통스러운 죽음을 지켜보아야 했던 C. S.루이스는 자신이 괴로워했던 이유가 연인이 당하는 고통과 죽음 때문이 아니라 그로 인한 연인과의 이별 때문에 자신이 당할 고통 때문이었다는 것을 깨닫고 "덜된 인간"이라며 자신을 자책하지. 나는 욥과 루이스가 고통을 통해 얻었던 깨달음이 자신이 당한 고통의 정확한 의미가 아니라, 고통받는 이웃을 볼 수 있는 눈이었다는 사실에 주목해야 한다고 생각해. 고통은 루이스의 말대로 가끔씩 영원을 잊고 살아가는 현대인들에게 하나님의 존재를 상기시키는 메가폰이 될 수 있어. 그러나 나는 고통이 그보다 훨씬 강력하게 그리고 예외 없이 고통당하는 이웃의 비명을 들려주는 강력한 보청기로 작동한다고 확신한단다.

고통에 관한 세 번째 확실한 사실은 타인의 고통에 대한 공감의 정도는 한 사람이 얼마나 성숙한 인간이자 신실한 그리스도인인지 가늠할 수 있는 리트머스 시험지라는 거야. 정치철학자 한나 아렌트는 나치의 1급 전범인 아이히만의 재판을 참관한 후에, 그의 죄가 "타인의 입장에서 생각하는 능력의 부재와 타자의 고통에 공감하는 능력의 결여"였다는 결론에 도달하게 되지. 2차 세계 대전 당시 벌어진 전대미문의 홀로코스트는 일반인이 가지지 못한 사악함으로 가득한 악의 화신들이 아니라, 타인의 고통에 대한 공감의 능력을 상실해버린 모자란(진부한) 인간들에 의해 자행되었다는 것이지. 그는 이를 '악의 평범성' 혹은 '악의 진부성'이라고 이름 붙였어. 아렌트의 이해를 단순화해보면 의인이란 타인의 고통에 대해 공감할 줄 아는 능력을 갖춘 사람이며, 죄인은 타인의 고통에 대한 감수성을 잃어버린 사람이라고 말할 수 있어.

기독교는 자신들의 하나님이 인간의 몸을 입고 이 땅에 왔고, 인간이 당할 수 있는 모든 유형의 시험과 고통을 겪었으며, 모함과 음모의 희생양(Sündenbock)으로 십자가 위에서 처참한 죽임을 당하신 분이라고 고백한단다. 기독교 신학자 위르겐 몰트만Jürgen Moltmann은 하나님이 고난받으실 수 없다는 기독교 신학의 전통적 견해를 거부하고, 성자 하나님인 예수 그리스도께서 십자가에서 고통당하실 때 다른 두 분의 하나님이신 성부와 성령께서도 나름의 방식으로 함께 고난받았다고 주장해. 그리고 하나님이 기꺼이 고난을 선택한 이유는 고난받는 인간의 운명에 참여하려는 사랑의 본성 때문이며, '고난받을 수 없는 하나님(leidensunfähiger Gott)'은 사랑할 능력도 없을 것이라고 역설한단다. 이는 기독교의 하나님이 우리에게 고통의 의미에 대해 훈계하는 대신 우리와 함께 고통당하시는 분이며, 자신이 당한 고통으로 인해 우리가 당하는 고통에 가장 강력하게 공감할 능력을 지닌 분이라는 뜻이지.

수전 손택은 영상이나 이미지를 통해 접하는 타인의 고통에 대해 분노하고 슬퍼하는 사람들에게 먼저 값싼 연민으로 타인에 대한 책임을 벗어버리려는 태도를 버려야 한다고 일갈해. 그리고 타인의 고통이 우리가 누리는 특권과 연결되어 있지 않은지 깊이 숙고하면서 그들이 당하는 고통을 줄이기 위해 적극적으로 행동하기 시작해야 한다고 강조하지. 나는 내 앞에 닥친 고통을 완벽하게 이해하거나 극복할 능력도, 타인이 당하는 고통에 대해 심오한 철학적·종교적인 설명을 제공할 실력도 가지고 있지 못한단다. 그러나 고통받는 이웃과 폭력으로 가득한 세상이 지르는 비명을 들을 수 있는 '귀'와, '지금 여기서(nunc et hinc)' 사람들이 당하는 고통의 일부를 조금이라도 줄여줄 수 있는 의술이라는 '손'을 가지고 있어. 그래서 나는 오늘도 내게 찾아온 환자와 우리가 사는 세상이 겪는 고통에 대해 무뎌지지 않기를, 그리고 진료실 안팎에서 그 고통을 조금이라도 줄이기 위한 작은 실천의 한 걸음을 내디디기를 바라며 하루를 시작한단다. 이 세상의 모든 아빠들처럼 나 역시 네 삶의 여정이 어떠한 고통 없는 평탄한 길이길 바라. 그러나 내 평안을 넘어 타인의 고통에 귀 기울일 줄 알고 네가 가진 것들로 그들의 고통을 줄여줄 수 있는 멋진 삶이라면 더 좋겠어. 그럴 수 있겠지?

도움 책

∝ C.S.루이스, 『고통의 문제』 이종태 옮김, 홍성사, 2002
∝ C.S.루이스, 『헤아려 본 슬픔』 강유나 옮김, 홍성사, 2013
20세기 최고의 기독교 변증가로 꼽히는 저자가 고통에 관해 쓴 두 권의 책. 첫 번째 책이 고통의 문제에 대한 기독교의 표준적 답변이라면, 두 번째 책은 암으로 사랑하는 연인을 떠나보내는 저자의 고통과 신앙적 탐색의 기록이다.
∝ 위르겐 몰트만, 『십자가에 달리신 하나님』 김균진 옮김, 대한기독교서회, 2017
하나님은 고통받을 수 없다는 고전적 신학의 견해를 거부하고, 고통 받을 수 없는 신은 사랑할 수도 구원자가 될 수도 없다고 주장하는 유명하지만 어려운 신학서.
∝ 수전 손택, 『타인의 고통』 이재원 옮김, 이후, 2007
타인의 고통을 감상하는 관음증 환자가 되어버린 현대인들을 고발하면서, 값싼 연민으로 책임을 회피하지 말고 타인의 고통을 줄이기 위해 적극 행동해야 한다고 촉구하는 책.

믿음을 묻는 딸에게,

진실
–
진실의 얼굴을 끝끝내 마주하는

빛도 공기도 들어오지 않는 단단한 방 속에 갇혀서
감각과 의식이 마비된 채 편안하게 살아(실제로는 죽어)가는 사람에게,
벽에 구멍을 뚫어 극심한 고통을 대가로 진실을 보는 시력과
생각할 수 있는 힘을 되살려줄 신선한 공기를 주는 것이
과연 옳은 일인가.
–리영희

"최근에 조금 오래된 한국 영화를 볼 기회가 있었어요. 그 영화에서는
주인공이 불치병에 걸렸는데도 가족들이 의사에게 그 사실을 알리지
말아달라고 부탁하고, 의사는 가족들의 부탁을 받아들여 실제로 환자
에게 끝까지 상태를 알리지 않았죠. 생의 마지막에 가서야 자신의 상태
를 알게 된 환자가 의사와 가족들에게 항의했지만, 그에게 돌아온 것은
"당신을 위해서 그랬다"라는 대답뿐이었어요. 어떻게 환자가 다른 누구
도 아닌 자신의 몸에 관한 진실을 모를 수 있었던 거죠? 설령 병명을 감
춘 것이 환자의 안정에 도움이 되었다고 해도, 그것이 진실을 감출 정당
한 이유가 될 수 있나요? 진실을 감추는 것이 개인이나 공동체를 위해
더 이익이 된다고 생각되는 경우에, 진실을 다 알리지 않고 적당히 덮
어두는 것은 과연 옳은 일일까요?"

얼마 전부터 눈이 잘 보이지 않았다는 할머니 한 분이 진료실로 찾아오셨어. 특이하게도 파우더가 얼굴 여기저기에 뭉쳐 있고 립스틱과 눈 화장은 마치 아이들이 장난친 것처럼 엉망으로 번져 있었지. 할머니를 모시고 온 이웃의 말에 의하면 최근 오랜만에 할머니의 집에 들러보니 평소 강박적이라고 할 만큼 깔끔하던 성격과 맞지 않게 집 여기저기에 먼지가 수북이 쌓여 있었다고 해. 검사해보니 백내장이 상당히 진행된 상태라 수술을 권유했고, 수술 다음 날부터 바로 만족스러운 시력을 회복하신 할머니는 아주 좋아하셨어.

며칠 후 보호자 없이 다시 찾아오신 할머니는 예전보다 훨씬 깔끔해지셨고, 립스틱과 눈화장도 단정해졌지. 그런데 진료실로 들어오자마자 다짜고짜 "오늘 내가 원장님하고 담판을 지으러 왔소"라고 말씀하시는 거야. 깜짝 놀라 이유를 물으니 백내장 수술을 하고 나서부터 그동안 보이지 않던 먼지가 집 안에 가득 차 있는 것이 계속 눈에 띄어 하루 종일 청소를 하지 않으면 견딜 수 없게 되었다는 거야. 그러면서 수술 안 하고 먼지가 안 보였을 때가 더 마음 편했다면서 눈을 다시 수술 전으로 돌려달라고 정색을 하면서 말씀하시더구나. 그건 어렵다고 말했더니 진료실을 박차고 나간 할머니는 그 뒤로 다시는 병원을 찾지 않으셨단다.

요양원에 장기 입소 중이신 80대 할아버지 한 분이 진료실을 방문했어. 더듬거리며 걸어 들어오시는 것이 한눈에도 심한 시력장애가 있어 보였지. 10여 년 전부터 점차 사물이 잘 보이지 않았지만 보호자들이 치료에 소극적이라 그냥 지내셨다고 해. 검사해보니 역시 심한 백내장으로 시력이 심각하게 저하된 상태였고, 바로 수술을 했더니 다음 날 병원에 찾아온 할아버지는 온 세상이 환해졌다며 매우 기뻐하셨지.

그날 진료를 모두 마치고 그 환자가 궁금해져 직원들에게 물었어. "그 할아버지는 기분 좋게 가셨지?" 그런데 놀랍게도 직원들이 어두운 표정을 지으며 고개를 가로젓는 거야. 무슨 일이 일어났는지 알아보니 진료를 마치고 기뻐하던 할아버지가 거울 앞에 서서 오랜만에 자신의 얼굴을 자세히 보게 되면서 문제가 발생했던 거야. 환자가 거울 앞에서 마주한 것은 주름으로 가득한 한 낯선 늙은이의 얼굴이었고, 그것이 세월이 바꾸어놓은 자신의 모습임을 깨달은 할아버지는 큰 충격을 받았다고 해. 그 할아버지는 슬픈 표정으로 병원 문을 나섰고, 역시 그 후로 다시 병원을 찾지 않으셨지.

진실의 얼굴을 대면하는 것은 누구에게나 두려운 일이야. 진실이 가져올 후폭풍을 두려워한 나머지 자신이 듣고 싶은 말만 듣고 믿고 싶은 것만 믿는 사람들을 만나는 것은 그리 어렵지 않아. 아니, 그렇지 않은 사람을 만나기가 훨씬 힘들 거야. 사람들은 언제나 불편한 진실과 마주하기보다 달콤한 거짓 안에 머물고 싶어 하기 때문이지. 거짓은 언제나 사람들이 원하는 것을 정확히 보여주고 들려주기에 진실보다 훨씬 호소력이 강해. 그러나 진실은 보통 불쑥 찾아와 자신과 세상의 치부를 적나라하게 보여주기에 사람을 매우 불편하게 만들지.

고대 이스라엘의 예언자였던 이사야는 자신의 직무로 부름받기 위해 하나님을 대면한 후 이제 죽게 되었다고 울부짖었어. 신약성서의 사도인 바울은 기독교인을 박해하기 위해 다마스쿠스로 가는 도상에서 신적 존재와 조우하자 일시적으로 눈이 멀고 말지. 나는 그들이 경험한 하나님과의 대면이 마치 자신과 세상의 본모습을 어떠한 왜곡이나 꾸밈도 없이 적나라하게 비추는 거울 앞에 서는 일에 비견될 수 있다고 생각해. 존재론적 절대타자이자 윤리적 절대선인 하나님 앞에 선 개별 인간은 결국 그 '절대'의 거울에 비친 자신의 유한성과 불완전함을 적나라하게 마주하게 된다는 거지. 그들이 죽음의 두려움에 사로잡히거나 눈이 멀 수밖에 없었던 이유는 진실의 거울 앞에 비친 자신들의 모습이 그만큼 추악했기 때문이었을 거야.

진실의 얼굴을 대면하고 가장 극적인 운명의 변화를 겪은 사람으로 그리스 비극의 주인공인 오이디푸스왕을 빼놓을 수 없겠지. 테베의 왕이었던 그는 나라에 갑자기 창궐했던 괴질의 원인을 찾아내기로 결심해. 그리고 그 과정에서 후폭풍을 두려워하여 끝끝내 진실을 밝히기 주저하거나 이 문제를 적당히 덮어두라고 조언하는 여러 예언자와 증인들을 만나게 돼. 그러나 이 용감한 왕은 나의 근원을 반드시 알아야 하겠다는 "존재의 드러남에 대한 강렬한 열망"으로 자신과 관련된 진실을 끝까지 파헤치는 데 주저하지 않아. 그리고 마침내 자신이 아버지를 죽이고 왕이 된 후 어머니와 결혼한 저주받은 운명의 소유자라는 끔찍한 진실과 정면으로 마주하게 되지. 그는 "나에게 이 잔인한 고통을 가져온 이는 아폴론이었지만 나의 눈을 찌른 것은 그 누구의 손도 아닌 나 자신의 손이다"라는 말과 함께 스스로를 응징했고, 왕위를 버린 채 눈먼 떠돌이 거지로 영원히 방랑하는 길을 택하게 된단다.

이 비극적인 영웅은 한순간에 왕에서 인간 존재의 가장 밑바닥으로 떨어지는 비참한 운명을 감수하면서까지 가혹하고 잔인한 진실의 얼굴을 집요하게 찾아낸 후 홀로 그 운명과 맞서 정면으로 대결하지. 그리고 그 결과에 따르는 모든 책임을 전적으로 자신의 것으로 수용해. 바로 이러한 "절대의지, 비타협성, 운명애(愛)"야말로 그리스 비극, 특히 소포클레스 작품에 나오는 영웅들의 전형이야. 소포클레스 작품의 주인공은 또 다른 비극작가인 아이스킬로스에게서처럼 "우주의 질서와 정의를 세우는 위대한 신"이 아닌 "비극적 운명에 적극적으로 맞서는 영웅적 인간"이지. 그리고 이러한 오이디푸스의 모습은 "존재의 비극성이 낱낱이 드러날 때도 그러한 현실과 화해할 수 없는, 오히려 그러한 현실을 통해 자기 자신을 더 처절하게 확인하려는 것이 인간 존재"라는 사실을 잘 보여주고 있어.

리영희 선생님은 수많은 저술을 통해 엄혹했던 1970년대 무지와 거짓 속에 갇혀 있던 많은 사람에게 추악한 진실의 얼굴을 보여주신 분이야. 그래서 한편에서는 '사상의 은사'로 추앙받았고, 다른 편에서는 '의식화의 원흉으로 낙인찍혔지. 나는 그분의 책 『우상과 이성』의 인상적인 서문을 아직도 기억하고 있단다. 선생님은 "빛도 공기도 들어오지 않는 단단한 방 속에 갇혀서 감각과 의식이 마비된 채 편안하게 살아(실제로는 죽어)가는 사람에게, 벽에 구멍을 뚫어 극심한 고통을 대가로 진실을 보는 시력과 생각할 수 있는 힘을 되살려줄 신선한 공기를 주는 것"이 과연 옳은 일인지에 대해 질문해. 그리고 자신의 책을 통해 의식의 중독증 상태에서 깨어나 진실을 마주한 후 독재에 대한 저항과 투쟁의 대열에 참여했던 독자들이 당해야 했던 고통에 대해 사과하지. 그러면서도 이성을 통한 우상 파괴와 진실 추구 및 그에 따르는 괴로움 없이 인간의 해방과 발전, 사회의 진보는 있을 수 없다고 단언한단다.

기독교인들을 포함한 대부분 사람들은 때로 두렵고 고통스러운 진실을 정면으로 마주하기보다 행복한 거짓의 껍질 안에서 편안하게 살아(죽어)가기를 선호하는 것 같아. 그리고 불편한 진실이 조금이라도 얼굴을 비치려고 할 때마다 부르기만 하면 언제나 그 진실을 억누르고 거짓으로 쌓은 평화를 지켜줄 '램프의 지니'나 '해결사 하나님'을 그들의 신으로 원하는 것처럼 보여. 그러나 나는 성서가 증언하는 하나님이 충격적인 진실을 대면하게 해주는 진실의 거울이거나, 죄수의 벽에 구멍을 뚫어 마땅히 느껴야 할 고통을 느끼게 해주는 분이라고 믿어. 그리고 자신이 마주한 운명이 쓴 가면을 '하나님의 뜻'과 동일시한 채 아무런 의심 없이 받아들이는 '믿음 좋은' 교인들보다, 그 가면 아래 숨겨진 진실의 맨얼굴을 집요하게 추적해 끝끝내 마주하고야 마는 오이디푸스왕이 성인이 된 세상에서 하나님 없이 하나님과 함께 살아가는 제자의 모습에 더 가깝다고 생각한단다.

지금도 진료실이 한가할 때면 가끔 그 환자들이 떠오르곤 해. 기뻐하고 분노하며 슬퍼했던 그분들의 얼굴이 아직도 생생하지. 혹시 지금까지 살아계신다면 부디 두 분 다 평안을 되찾으셨길 바라. 그러면서 내가 살아가는 동안 거짓 편안함에 굴복해 불편한 진실에 마주할 용기를 잃어버리지 않기를, 조만간 절대자 앞에서 마주하게 될 내 진실의 얼굴이 도저히 바라볼 수 없을 정도로 추악하지 않기를 기도한단다. 언젠가 마주하게 될 진실의 거울을 기억하면서 오늘의 일상을 성실히 살아가길 바랄게! 뭐? 나중에 마주할 진실의 거울 말고 지금 아빠 눈앞에 있는 거울부터 먼저 보면서 살부터 좀 빼라고?

도움 책

∝ 소포클레스, 『그리스 비극 소포클레스 편』, 조우현 옮김, 현암사, 2006
그리스 정신의 정수이자 인류 정신사의 금자탑인 그리스 비극의 대표 작가 소포클레스의 '오이디푸스왕', '엘렉트라', '안티고네' 같은 작품을 수록했다.

∝ 임철규, 『그리스 비극-인간과 역사에 바치는 애도의 노래』, 한길사, 2018
그리스 비극의 주요 작품들에 대한 깊이 있는 연구서. 고금의 학자들이 벌여온 다양한 논쟁들을 소개하면서 각각의 텍스트가 품고 있는 풍성한 의미를 탐사한다.

∝ 리영희, 『우상과 이성』, 한길사, 1980 ; 리영희, 『전환시대의 논리』, 창작과비평사, 2006
엄혹한 유신시대에 냉철한 지성으로 강고한 냉전 이데올로기의 껍질을 깨고 진실의 속살을 보여줌으로써 시대를 흔들고 젊은이들의 의식을 깨웠던 리영희 선생의 문제작.

수사학
–
교양을 갖추고 참여하는 인간

나는 단정적인 주장을 너무 싫어하여
성경의 권위와 교회의 명령이 허용하는 범위 내에서
가능하면 회의론자들과 한편이 되고 싶었다.
–에라스뮈스

"교회에서 친구들과 함께 한 목사님과 대화할 기회가 있었어요. 언제나 친절하고 좋은 분이었지요. 그런데 어떤 친구가 한 주제에 대해 교회에서 가르치는 것과 다른 생각을 펼치자 갑자기 그 목사님의 표정이 단호해지 더니 그런 생각은 진리가 아니라고 딱 잘라 말하시는 거예요. 그러면서 기독교의 진리란 결코 토론이나 논쟁을 통해 도달할 수 없으며, 단순히 선 포될 수 있을 뿐이라고 말했어요. 기독교의 진리란 어떠한 대화나 토론도 허용되지 않을 만큼 확고하게 고정된 것인가요? 혹시 진리라는 이름으 로 자신들의 독선과 아집을 감추고 있는 것은 아닐까요? 그런 고집스러운 방식 말고 좋은 그리스도인이 되는 다른 길은 없는 것일까요?"

오늘 네 질문과 관련해 이야기해보고 싶은 주제는 '수사학'이야. 오늘날 수사학이라는 말은 진리와 정반대 개념, 더 정확히는 궤변이나 거짓과 동의어로 여겨지는 경우가 많아. 이는 주로 대중이 거짓과 선동에 현혹되기 쉬운 어리석은 존재라고 생각한 나머지 수사학을 경멸했던 플라톤과 같은 철학자들의 영향 때문이라고 볼 수 있어. 충분히 예상할 수 있듯 절대적 진리를 추구한다는 보수적인 기독교인들 역시 수사학에 대한 비난의 대열에 동참해왔단다. 교회에서 40여 년의 세월을 보낸 나 역시 개인적으로는 한없이 친절하고 선량하지만 자신이 진리라고 믿는 교리와 조금이라도 어긋나는 이야기를 들으면 지극히 공격적이고 전투적으로 변하는 사람들을 많이 알고 있지. 그들에게 수사학은 절대 변할 리 없는 진리를 위협하는 매우 불순한 학문일 거야.

성서를 살펴봐도 기독교의 위대한 사상가 바울은 자신이 쓴 편지인 고린도전서에서 "내가 지혜로운 자들의 지혜를 멸하고 총명한 자들의 총명을 폐할 것이다. (……) 이 세상의 수사학자가 어디에 있는가"[13]라고 일갈하며 수사학에 대해 부정적인 견해를 드러내고 있어. 그런데 최근 신약성서를 연구하는 학자들은 아이러니하게도 바울이 쓴 신약성서의 여러 편

13) 신약성서 고린도전서 1장 20절

지들에서 동시대의 수사학자들이 흔히 사용했지만 우리에게는 상당히 불편하고 어색하게 들리는 표현들이 가득하다는 것을 발견했단다. 수사학을 비난했던 바울 역시 사실은 수사학의 아들이었던 것이지. 과연 수사학은 영구불변한 진리와 반대되는 악의 축이라고 간단하게 폄하되어야 마땅한 것일까?

나는 우리가 성급하게 수사학을 궤변론의 다른 이름으로 단정하기 전에 수사학을 대표하는 한 사람의 목소리를 들어보는 것이 좋으리라 생각해. 바로 고대 로마의 정치가요 철학자이자 라틴 문학의 최고봉으로 인정받는 키케로가 수사학에 관해 쓴 두 권의 책인 『수사학』과 『연설가에 대하여』를 통해서란다. 두 책은 본질적으로 비슷한 내용을 다루고 있지만 『수사학』이 주로 수사학의 이론적·기술적 측면을 서술하고, 『연설가에 대하여』는 말하는 사람 즉 변론가(연설가, orator)에 관심을 집중하고 있다는 차이가 있어.

키케로는 우선 수사학이란 무엇인지를 정의하는 것에서부터 이야기를 시작해. 그에 따르면 수사학이란 주어진 상황과 주제를 파악하고 이에 따라 연설을 효과적으로 조절할 수 있는 능력이야. 그리고 이상적 변론가는 각각의 연설 내용을 상황과 청중에 따라 알맞게 표현할 수 있는 사람이라고 정의하지. 한마디로 수사학은 자신의 견해를 명쾌하게 표현하는 능력이며, 훌륭한 연설가란 수사학을 통해 사람들을 설득하는 힘을 가진 '말 잘하는 사람'이라는 거야. 키케로는 변론가는 먼저 이야기할 것을 발견하고(발견, *inventio*), 발견한 것을 규칙대로 나열하고 중요성에 따라서 정확하게 배치하며(배치, *dispositio*), 그것을 잘 다듬어 수식하고(표현, *elocutio*), 기억에 따라서 굳게 한 후(기억, *memoria*), 마지막으로 위엄과 우아함을 갖추어 이야기해야 한다(발음 및 연기, *actio*)고 강조한단다.

여기까지만 보자면 수사학이란 심지어 진실을 왜곡하더라도 내가 주장하는 바를 사람들에게 잘 설득할 수 있다면 문제를 삼지 않는 '말의 기술'로 여겨질 수도 있어. 수사학이란 궤변론에 불과할 뿐이라고 비난한 철학자들의 견해가 타당하다고 느껴질 정도지. 그런데 키케로는 수사학에서 가장 중요한 것은 '변증의 기술'이 아닌 '변론가 자신'이라고 말해. 변론의 성패는 궁극적으로 말재주가 아닌 내용의 진실함과 풍부함에 의해 결정되며, 따라서 삶과 지식에서 탁월하지 못한 사람이 훌륭한 변론가가 될 수는 없다는 것이지. 이는 훌륭한 변론가가 되려면 수사학의 기술이나 특정 분야의 지식뿐 아니라, 삶과 학문의 모든 분야를 망라하는 광범위하고 총체적인 경험과 식견을 갖추어야 한다는 뜻이야.

실제로 키케로가 변론가에게 요구했던 지식의 범위는 수사학, 철학, 역사, 법학에 대한 지식에서부터 산수, 음악, 천문학, 기마술, 사냥술 그리고 부모와 친구에 대한 예의에 이르기까지 광범위한 분야였다고 해. 그는 변론가가 궁극적으로 도달해야 할 목표가 수사학자와 철학자의 장점을 두루 갖춘 사람 즉 '이상적 연설가(orator perfectus)'가 되는 것이라고 강조했어. 이는 단순히 수사학적 기술에 통달한 '말만 잘하는 말쟁이'가 아니라, 오늘날로 말하자면 학예(human arts) 혹은 인문학적 소양(humanitas)을 두루 갖춘 르네상스형 지식인을 의미해. 수사학의 궁극적 지향은 달변가도, 학자도, 전문가도 아닌 교양인이라는 것이지!

이렇듯 고대 그리스의 인문학적 토양에서 탄생해 키케로 수사학의 목표인 이상적 연설가상(像)을 통해 완성된 '인문 교양' 혹은 '교양인'의 모델은, 중세를 거쳐 근대에 이르기까지 유럽 사회에서 이상적인 인간의 전범이자 교육의 목표로 계속 이어지게 되었다고 해. 이에 대해 역사학자 이광주 교수는 『교양의 탄생』에서 "예를 들면 유럽에서 전통적으로 교양이란 고대 그리스 로마의 고전을 중심으로 한 인문학적 배움과 취향을 뜻했으며, 이는 무엇보다 말과 대화, 편지와 글을 잘 쓰는 교양이었다. (……) 교양 계층은 라틴어를 말하며 키케로의 문장과 베르길리우스의 시를 읊는 '문예 공화국'의 주민을 의미했다"고 설명하고 있어. 헬레니즘과 헤브라이즘이라는 두 축을 중심으로 형성되어 온 유럽 사회에서 철학자인 플라톤이나 신학자인 아우구스티누스가 아니라 수사학자인 키케로가 교양의 창시자이자 그 이상적인 모델이라는 사실은 시사하는 바가 크단다.

그러나 키케로와 수사학의 기여는 여기에서 그치지 않

아. 키케로는 인간이 국가 혹은 공동체의 일원이 될 때만 참으로 인간적인 존재가 될 수 있다고 주장했어. 그리고 자신이 속한 공동체 내에서 정치를 통한 의사결정에 참여함으로써 공공선의 증진에 기여하는 것이야말로 시민의 가장 중요한 의무라고 강조했지. 여기서 키케로가 정치의 목표를 달성하기 위한 가장 중요한 수단으로 강조한 것이 말의 힘을 통한 설득 즉 수사학적 변론이야. 이는 자연스럽게 수사학의 힘을 빌려 정치에 참여하는 것이야말로 인문학적 교양의 가장 중요한 목표라는 결론으로 이어지게 된단다. 수사학의 목표는 교양이고 교양의 지향은 공공선이라는 거야. 실제로 수사학은 고대 그리스 사회에서 정치의 가장 중요한 수단으로 여겨지면서 언론자유와 민주주의의 바탕이 되었으며, 로마 시대에 이르러서는 논리와 수사의 무대였던 민회나 원로원, 법정을 통해 공화정치와 법치주의의 발전에 이바지하기도 했어.

사실 총칼을 앞세운 무력의 힘이나 절대 진리를 주장하는 도그마의 권위가 아닌 말과 설득이라는 수사학의 방법을 통해서 공공선을 실현하고자 했던 키케로의 이상이야말로 현대 민주주의 정신과 직접 연결되는 인류의 귀한 유산이라고 할 수 있단다. 극장에 모이고 살롱에서 함께 토론하는 "담론하는 공중–연대하는 인간"이나, 새로운 사회를 꿈꾸며 모반을 꿈꾸는 "참여적 비판적 지식인"이라는 근대적 교양인상 역시 말의 힘을 통해 공공선을 실현하려는 키케로 수사학의 정신이 계승 발전된 결과라고 할 수 있지. 한마디로 수사학이 없었다면 현대사회의 핵심인 언론자유와 대의 민주주의, 그리고 비판적이고 참여적인 대중이란 존재하지 않았을 것이라고 단언할 수 있단다.

이러한 수사학의 이상을 가장 잘 보여준 그리스도인을 한 명 꼽자면 나는 기독교 인문학자 에라스뮈스를 들고 싶어. 동시대의 가장 탁월한 교양인으로 일컬어졌던 에라스뮈스는 그리스어 및 라틴어 신약성서의 출간과 유명한 『우신예찬』을 포함한 여러 저술을 통해 전 유럽을 망라하는 엄청난 명성과 존경을 얻었어. 그가 꿈꾸었던 세상은 인문학과 성서에 대한 연구 즉 인문 교양과 복음의 은총이 융합된 세계였으며, 에라스뮈스는 무력이나 도그마의 강요가 아닌 관용과 대화를 통해서만 그런 세상을 만들어갈 수 있다고 확신했지. 에라스뮈스는 "나는 단정적인 주장을 너무 싫어하여, 성서의 권위와 교회의 명령이 허용하는 범위 내에서, 가능하면 회의론자들과 한편이 되고 싶었다. 우리는 미지의 상태 혹은 미결의 상태에 남겨두어도 좋은 법한 것을 너무 많이 정의함으로써 오히려 우리의 구원을 위태롭게 한다"라고 말했단다. 이러한 그의 보편적이고 합리적인 이상은 전 유럽에 걸친 그의 명성과 영향력으로 인해 한때 현실 속에서 실현될 것처럼 보이기도 했지.

그러나 문제는 에라스뮈스가 살았던 시대가 종교개혁이라는 역사상 가장 격렬한 정치적 종교적 격랑의 한가운데 위치해 있었다는 거야. 그는 『우신예찬』과 같은 작품을 통해 부패한 당대의 가톨릭교회에 대해 날카로운 풍자와 조소의 칼날을 들이댔고, 천 년 이상 예배와 신학 연구의 표준으로 사용되며 절대적인 권위를 인정받고 있던 불가타성서[14]를 대체할 새로운 라틴어 번역성서를 출간해 비판의 표적이 되기도 했지. 사실 그는 오늘날 종교개혁의 선구자 중 한 사람으로 널리 인정받고 있고 초기에는 종교개혁 사상에 동조하면서 루터를 옹호한 적도 있었단다. 그러나 점점 극단으로 치닫는 가톨릭교회와 종교개혁 세력의 적개심과 대립 앞에서 "조롱과 위협, 무력과 불공정이 아니라 신중함, 중용, 온유함, 관용의 힘으로 저항합시다"라고 호소하며 이성과 학문에 바탕을 둔 점진적 개혁을 원했던 그의 방식은 점점 설 자리를 잃어갔어. 결국 종교개혁 운동이 분노로 가득한 신학적 물리적 투쟁으로 이어지는 것을 본 에라스뮈스는 어떤 진영에도 서기를 거부한 채, 양쪽 진영의 배척과 저주를 기꺼이 짊어지는 방관자로 생을 마감하는 길을 택했단다. 에라스뮈스의 정신은 "나는 늘 자기 자신만을 대표한다(*sum homo pro se*)"라는 말과 "나는 누구에게도 종속되지 않을 것이다(*concedo nulli*)"라는 말에 가장 잘 요약되어 있다고 할 수 있어.

---

14) 4세기 후반에 히에로니무스에 의해 번역된 라틴어 번역성서. 오랫동안 가톨릭교회의 예배와 신학을 위한 표준 번역본으로 널리 인정받아 왔다.

우리가 살고 싶은 나라, 우리가 가꾸어야 할 세상은 과연 어떤 곳이어야 할까. 지식과 덕을 갖춘 철인 왕이 다스리는 플라톤의 이상국가? 종교개혁자 칼뱅이 설교자로 봉사하며 철저한 기독교적 이상에 따라 통치되던 기독교 도시 제네바? 나는 일단 지도자가 누구든 그가 내세운 이상이 얼마나 훌륭하든 단 하나의 진리만이 모든 사람에게 강요되는 나라에는 단 1초도 머물고 싶은 생각이 없어. 다소 혼란스럽고 가끔 잘못된 길로 갈지라도 "요란하고 유쾌한 차이로 가득 차 있고, 그 차이가 삶의 당연한 조건으로 즐겁게 받아들여지는 세계", 물리적 힘과 폭력 혹은 종교나 이데올로기의 도그마가 아닌 말과 토론과 상식과 교양이 지배하는 세상, 누구에게도 종속되지 않은 채 내가 내 자신만을 대표할 수 있는 키케로와 에라스뮈스의 시민 공동체야말로 내가 살고 싶고 우리가 지향해야 할 세상이라고 확신한단다.

너도 경험했다시피 한국교회에는 감탄할 만한 열정과 진지함으로 자신들이 믿는 '진리'를 수호하기 위해서라면 물불을 가리지 않고 달려들 종교개혁자 루터의 후예들이 가득하단다. 그러나 애석하게도 키케로와 에라스뮈스의 정신인 평화와 관용, 놀이정신과 사려 깊은 회의주의 같은 가치들은 좀처럼 찾아보기 어려울 뿐 아니라, 설령 있다 해도 비신앙적이거나 심지어 반기독교적인 것으로 폄하되는 경우가 대부분이지. 그러나 오늘날 위기를 맞은 한국교회에 진정으로 필요한

믿음을 묻는 딸에게,

것은 더 많은 열정이 아닌 더 많은 지성, 더 많은 확신이 아닌 더 많은 회의, 더 많은 진지함이 아닌 더 많은 놀이정신, 더 순수한 신앙이 아닌 더 폭넓은 신앙, 바로 수사학의 정신이 아닐까? 우리 시대의 교회는 그러한 정신을 구현하는 데 철저히 실패했지만, 너희가 살아갈 미래의 교회는 에라스뮈스의 후예들이 더 많아지길 바랄 뿐이야.

도움 책

∝ 키케로, 『수사학』 안재원 옮김, 길, 2006
∝ 키케로, 『연설가에 대하여』 전영우 옮김, 민지사, 2013
   라틴 문학의 최고봉 키케로가 쓴 수사학 관련 저술. 변론가는 수사학자와 철학자의 장점을 두루 갖춘 이상적 연설가(orator perfectus)가 되어야 한다고 주장한다.
∝ 요한 하위징아, 『에라스뮈스』 이종인 옮김, 연암서가, 2013
∝ 슈테판 츠바이크, 『에라스무스 평전』 정민영 옮김, 아롬미디어, 2006
   당대 최고의 문화사가와 전기 작가가 쓴 기독교 인문주의자 에라스뮈스의 전기. 이성과 신앙을 바탕으로 한 평화와 관용의 세상을 꿈꾸었던 에라스뮈스의 진면모를 만나볼 수 있다.
∝ 이광주, 『교양의 탄생』 한길사, 2009
   인문정신의 구현이라 할 수 있는 '교양'과 '교양인'의 이상이 고대 그리스 로마 시대로부터 20세기에 이르기까지 역사의 흐름에 따라 어떻게 변해왔는지 흥미진진하게 풀어낸다.

역사
-
무익함과 자유 사이

열왕기의 역사를 살펴보면 우리는 결국에
인간 행위의 헛됨과 무익함을 깊이 느끼지 않을 수 없게 된다.
그러나 자발적으로 비효과적이고 무익한 행위를 하는 것은
인간의 자유를 보여주는 첫 번째 신호이자 마지막 신호이다.
–자끄 엘뤌

"진실보다는 거짓이, 선보다는 악이 승리하는 것처럼 보이는 세상의 모습을 보면 과연 역사에 의미라는 것이 있는지 의심이 들어요. 그런데 역사를 살펴보면 인류가 지금까지 놀라운 발전과 진보를 거듭해온 것 역시 분명한 것 같아요. 역사는 발전하거나 퇴보하거나 순환하나요? 아니면 아무 의미도 없는 건가요? 역사를 잘 공부하면 그런 법칙들을 알아낼 수 있나요? 인류 역사를 살피면 '하나님의 뜻'을 발견할 수 있나요? 하나님은 역사를 통해 자신의 뜻을 이뤄가시나요? 아니면 이 세상은 하나님의 나라와 아무 상관이 없이 점점 악해져만 가기에 우리는 세상 역사에 대한 모든 희망을 버리고 오직 이 악한 세상에서 사람들을 구원하는 복음 전도에만 열중해야 하는 것일까요?"

이 질문에 대해서는 구약성서의 대표적 역사서술이라 할 수 있는 열왕기를 살펴면서 대답을 찾아가는 방식으로 이야기를 풀어가는 것이 좋을 것 같아. 두 권으로 된 열왕기는 고대 이스라엘 민족이 세운 나라들인 유다와 이스라엘을 통치한 왕들의 연대기야. 이 책은 이스라엘 역사상 가장 강력하고 지혜로운 군주 중 한 명으로 기억되고 있는 솔로몬 왕의 통치에서 시작해. 그러나 솔로몬의 통일왕국은 그의 아들인 르호보암 왕 때 그만 남쪽 유다와 북쪽 이스라엘로 갈라졌고, 그 후 200여 년간 분열된 두 나라가 각각의 왕조를 이어가는 분열왕조 시대가 이어졌단다. 그러던 중 북왕국 이스라엘이 앗시리아의 침략으로 먼저 멸망했고, 그 후로도 150여 년을 더 이어가던 남왕국 유다 역시 바벨론 제국에 의해 멸망의 비극을 맞이하게 되지. 열왕기서는 바벨론에 포로로 잡혀갔던 남왕국 유다의 여호야긴 왕의 석방을 마지막으로 400여 년에 이르는 긴 역사서술의 대장정을 마무리한단다.

사실 오늘날 많은 학자들은 열왕기가 여호수아-사사기-사무엘-열왕기로 이어지는 하나의 거대한 역사서술인 '신명기 역사서'의 일부라고 생각해. 그리고 이 책들은 남왕국 유다의 멸망 후 바빌로니아로 끌려가 포로 생활을 하던 시기에 '신명기 역사가'라 불리는 개인 혹은 공동체에 의해 서술되었다는 견해에 동의하지. 이 책들이 '신명기 역사서'로 불리는 이유는 구약성서의 또 다른 책인 신명기에 나오는 유명한 복과 저주의 공식인 "하나님을 잘 섬기면 복을 받고 하나님을 버리면 저주를 받는다"를 바탕으로 이 시기 동안의 이스라엘 역사를 서술하고 있기 때문이야. 이 공식은 자신들의 신 야훼를 버리고 우상숭배를 일삼던 이스라엘과 유다가 결국 멸망하여 하나님이 그들에게 선물로 주신 땅에서 추방됨으로써 비극적으로 실현되고 말았지.

그런데 사실 열왕기가 묘사하는 이스라엘 역사를 조금 상세히 살펴보면 신상필벌(信賞必罰)이라는 신명기 역사서의 도식을 정확하게 구현하는 것처럼 보이는 시기가 의외로 많지 않다는 사실에 놀라게 된단다. 열왕기가 표방하는 공식적 신학과 열왕기가 서술하는 실제 역사 사이에는 설명할 수 없는 '틈' 내지는 '균열'이 상당히 많이 존재한다는 뜻이지. 단적으로 열왕기가 선하다고 평가하는 왕들은 대부분 끝이 별로 좋지 않았던 반면, 악하다고 평가받은 왕들 중에 번영과 장수를 누린 왕들이 의외로 많아. 적어도 열왕기의 내용으로만 보자면 하나님을 잘 섬긴다고 반드시 복을 받은 것도 아니고 하나님을 거역했다고 해도 반드시 벌을 받은 것도 아니라는 거지.

예를 들자면 북왕국 이스라엘에서 야훼 하나님이 아닌 다른 신을 섬기는 배도가 극에 달했던 오므리 왕가 시절은 역사적으로 보자면 아이러니하게도 이스라엘의 국력이 가장 강력했던 시기와 일치한단다. 또 남왕국 유다 최악의 왕이자 배도의 끝판왕으로 묘사되는 므낫세는 유다의 역대 왕 중 가장 긴

55년 동안이나 왕위를 지켰지. 반면에 야훼종교를 부흥시켜 선한 왕으로 평가받은 아사와 요아스, 히스기야와 요시야 같은 왕들은 하나같이 복된 말년을 맞이하지 못했어. 아사는 발병으로 고생하다 죽었고, 요아스는 암살당했으며, 히스기야는 처참한 패배 끝에 간신히 예루살렘 주변 지역만을 통치하는 왕으로 전락했고, 요시야는 전쟁터에서 전사(혹은 사로잡힌 후에 처형)로 자신의 최후를 맞고 말았단다.

동일한 시기를 다루고 있지만 더 후대에 기록된 성서의 다른 책인 역대기의 역사서술을 열왕기와 비교해 살펴보면 흥미로운 차이점을 발견할 수 있어. 역대기는 각 왕들의 연대기에 누구나 납득 가능한 권선징악의 내러티브들을 추가함으로써 열왕기에서 보이는 신학과 현실의 '틈'을 메우려고 시도하는 것처럼 보여. 예를 들어 역대기의 저자는 열왕기에서 유다 최악의 왕으로 평가된 므낫세의 이야기에 그의 긴 통치가 인생 후반기에 있었던 회개에 대한 축복과 보상의 결과라는 이야기를 추가해 넣어. 그리고 선한 왕의 대표격인 요시야의 비극적인 죽음은 이집트 왕을 통해 주어진 하나님의 말씀에 대한 불순종의 결과였다는 설명을 추가하고 있지. 나는 역대기 저자가 열왕기를 읽었던 사람들이 품었던 신학적 도식과 역사적 현실의 불일치에 대한 의혹을 알고 있었으며, 자신의 저작인 역대기를 통해 이 문제를 해결하려고 시도했던 것 같다는 생각이 든단다. 역대기 저자는 열왕기에 나타난 '신학'과 '역사' 사이의 당혹스러운 '틈'을, 신명기 신학의 도식에 맞춰 역사적 사실을 변형(내지는 추가)하는 방식으로 메우고 있다는 것이지.

독일의 철학자인 칼 뢰비트Karl Löwith는 세속 역사의 과정을 아무리 살펴봐도 세속적이든 기독교적이든 역사의 궁극적인 '의미'에 대한 단서를 전혀 찾아볼 수 없다고 말해. 한마디로 역사 자체만 살펴서는 역사의 의미가 무엇이냐는 역사철학이나 역사신학의 질문에 대한 답을 발견할 수 없다는 것이지. 그는 세상의 나라와 하나님의 나라, 세속의 역사와 구원의 역사는 서로 간에 어떠한 접점도 없이 날카롭게 구분되어 있으며, 참된 역사의 의미는 세속 역사의 과정 안에서가 아닌 그 역사가 끝나는 세상의 종말에 온전히 드러날 초역사적 신의 섭리를 통해서만 온전히 파악될 수 있다고 주장해. 그는 자신의 생각을 "기독교적 희망이란 역사적 경험에 의해 부정되거나 확증될 수 없는 하나님의 구원 목적에 대한 무조건적인 신앙에 기반을 둔 정신적 태도일 뿐"이라는 말로 표현한단다. 이러한 생각에 따른다면 하나님의 백성의 역사인 열왕기에서조차 '신상필벌' 같은 신학적 원리를 발견하려는 시도는 애초부터 불가능한 일이야.

이에 반해 역사학자 이만열 교수는 인류의 역사란 인간이 개인적으로는 자유화되어 가며 공동체적으로는 평등화되어 가는 과정이라고 말해. 그리고 역사에 이름을 남기게 되는 자들은 개인적 자유와 공동체의 평등을 위하는 방향에 서서 삶을 살아간 사람들이라고 강조하지. 따라서 아무리 그 시대를 호령했던 존재라도 인간의 자유와 평등을 외면하거나 되돌렸다면, 그는 시간 속에서는 살아 있을지 모르지만 역사 속에서는 이미 죽은 자라고 일갈한단다. 이만열 교수는 세속 역사 속에서 어떠한 의미도 발견할 수 없다고 단호히 주장하는 뢰비트와 달리, 역사란 자유와 평등이라는 인식 가능한 방향과 흐름을 지니고 있으며, 그 흐름은 대체로 역사에서의 하나님의 뜻과 동일한 방향을 향하고 있다고 주장하는 것 같아.

이 문제에 대해 숙고하던 중 내 눈에 흥미로운 책 한 권이 들어왔어. 프랑스의 사회학자이자 평신도 신학자 자끄 엘뤨Jacques Ellul이 쓴 열왕기 해설서『하나님의 정치와 인간의 정치』라는 책이었지. 이 책에서 엘뤨은 위에서 언급한 열왕기 내러티브의 '틈'을 근거로 우리가 열왕기서를 공부하게 되면 결국 '인간 행위의 헛됨과 무익함'이라는 결론에 도달하게 된다고 말해. 열왕기 속에서 나타나는 인간 왕들의 행위는 그들이 선했든 악했든 역사 속에서 하나님의 뜻이 실현되는 데 직접적인 영향을 끼치지 못한 것처럼 보인다는 거야. 하나님은 역사 속에서 자신의 뜻을 '자유롭게' 이루시는 분이며, 따라서 역사의 궁극적 의미는 헛되거나 무익해 보이는 인간의 행위를 통해서가 아니라 오직 '죽임당하신 어린양'이신 예수가 하늘에서 역사의 의미를 드러내는 두루마리를 펼칠 때 최종적으로 드러난다는 것이지. 여기까지만 보자면 그의 견해는 하나님의 뜻과 세속 역사를 철저히 분리하는 뢰비트의 탈역사적이고 실존론적인 이원론을 그대로 따라가고 있는 것처럼 보인단다.

그러나 엘륄은 바로 이 '틈' 혹은 '무익성'이야말로 인간들이 '유용성'이라는 세상의 법칙에 얽매이지 않고 역사 속에서 자유롭게 행동할 수 있는 이유라고 강조해. 역사란 '유용한' 행위들의 산술적인 총합과 동일시될 수 없는 하나님의 자유로운 섭리의 영역이기에, 오히려 인간은 '유용성'과 '책임'의 굴레에서 벗어나 자유롭게 그리고 자발적으로 비효율적이고 무익한 것처럼 보이는 '옳은' 행위를 선택할 수 있다는 것이지. 엘륄은 이야말로 하나님 안에 있는 인간의 자유를 보여주는 가장 중요한 표지라고 주장하면서, 성서의 표현을 인용해 "무익한 종"이 되는 것만이 자유롭고 해방된 인간이 역사 안에서 하나님의 뜻을 따를 수 있는 유일한 길이라고 강조한단다.

나는 '상과 벌'이라는 신명기의 틀에 잘 들어맞지 않는 '틈'과 '무익성'으로 가득한 열왕기의 거친 내러티브가, 불순물을 제거하고 훨씬 매끈하게 신상필벌의 메시지를 구현해 낸 역대기의 내러티브보다 더 진실에 가깝다고 생각해. 그러나 세속의 역사와 하나님의 역사가 전혀 다른 길을 따라가고 있다는 뢰비트의 극단적 비관론에는 동의하지 않는단다. '하나님 나라'와 '인간의 나라'를 날카롭게 대립시키면서 참된 역사의 의미는 역사 그 자체가 아닌 초역사적인 섭리와 종말론의 관점에서만 파악할 수 있다고 주장하는 뢰비트의 생각은, 마치 "죄 많은 이 세상은 내 집 아니네"를 외치며 세상에

초연한 채 신앙생활에만 몰두해야 한다고 가르치던 한 세대 전의 한국교회를 떠올리게 해.

오히려 나는 그리스도인들이 초역사적이고 종말론적인 '하나님의 나라'는 '하나님의 섭리'나 '이성의 간지'의 손에 맡기고, 우리의 손에 위임된 '인간의 역사'를 좀 더 정의롭고 공정하게 만들기 위해 노력해야 한다고 믿어. 너도 알다시피 인류 역사 내에는 소수자나 약자와 연대해 역사 내에서의 진보와 해방을 추구하는 것이 하나님의 뜻이라고 믿었던 사람들이 항상 존재해왔어. 그들은 고난을 무릅써가며 다양한 신학과 실천을 통해 '인간의 나라를 통해 임하는 하나님의 나라'를 세우기 위해 노력해왔지. 나는 이만열 교수와 엘륄의 통찰에 따라 '역사의 틈'과 '인간 행위의 무익성'이라는 위험을 기꺼이 감수하면서 자유와 평등이라는 목표를 향해 자유롭게 그리고 자발적으로 행동하는 것이야말로 오늘 이 땅을 살아가는 그리스도의 제자들에게 맡겨진 사명이라고 확신한단다.

도움 책

∞ 칼 로비트, 『역사의 의미』 이한우 옮김, 문예출판사, 1990
  독일 철학자 칼 로비트의 역사철학서. '세속사'와 '구속사'를 날카롭게 구분하면서, 참된 역사의 의미는 초역사적 섭리와 종말의 관점에서만 파악이 가능하다고 주장한다.

∞ 이만열, 『잊히지 않는 것과 잊을 수 없는 것』 포이에마, 2015
  존경받는 원로 역사학자가 여러 매체에 쓴 글을 모은 책. 역사는 인류가 개인적으로 자유화되고 공동체적으로는 평등화되어 가는 과정이었다고 강조한다.

∞ 자끄 엘륄, 『하나님의 정치와 인간의 정치』 김은경 옮김, 대장간, 2012
  사회학자이자 평신도 신학자인 엘륄의 열왕기 묵상집. 역사가 하나님의 섭리 영역이기에 오히려 인간이 유용성의 굴레에서 벗어나 자유롭고 올바르게 행동할 수 있다고 강조한다.

사울과 다윗
-
일그러진 영웅 vs 만들어진 영웅

메시아는 억압받은 자들의 전통을 발굴해 기억하고 애도하는
현재의 자리인 '지금시간'에 도래하며,
역사가의 과업은 회상과 애도를 통해 과거를 회복하는 힘과 미래를
유토피아적으로 여는 힘이 함께 작동하도록 만드는 일이다.
-발터 벤야민

"성서를 읽으면서 당연히 진실일 것으로 여겼던 이야기들이 잘 이해되지 않는 경우가 많아졌어요. 그중에서도 다윗을 최고의 위인으로, 사울을 하나님께 버림받은 악한 왕으로 여겨왔던 것에 의심을 품게 되네요. 성서가 다윗에 대해서는 상당히 관대한 반면 사울에 대해서는 지나칠 정도로 가혹한 것처럼 보인다는 사실이 제 의심의 주요 이유예요. 왜 같은 행위를 해도 다윗은 용서받고 사울은 정죄를 받아야 하죠? 왜 야훼는 다윗 편만 드는 것처럼 보이죠? 혹시 성서가 다윗을 위인으로 보는 것은 성서가 인간의 다른 역사처럼 승자의 기록이기 때문은 아닐까요?"

성서에서 다윗과 사울만큼 대조적인 인물을 찾기는 어렵단다. 너도 알다시피 위대한 전쟁영웅이자 노련한 정치가였던 다윗은 이스라엘이라는 신생 왕국의 기초를 확고히 다짐으로써 이상적인 군주이자 야훼 신앙의 수호자로 추앙받는 성서의 대표적인 위인이야. 그에 반해 사울은 이스라엘이 '지파'라 불리는 씨족들의 연합에서 단일왕정 체제로 이행하는 과도기에 지도자로 선택되었으나, 연속된 비신앙적 행위로 인해 하나님께 버림받고 결국 비극적인 최후를 맞이한 실패한 왕으로 평가되고 있지. 그런데 성서에서 사울과 다윗을 다룬 사무엘서 본문을 찬찬히 읽어가다 보면 네가 지녔던 생각처럼 기존의 평가에 의문을 제기하고 싶어질 때가 있단다. 왜 야훼는 사울의 잘못에 대해 그렇게 가혹해 보이는 반면 다윗의 흠결에 대해서는 훨씬 관대한 것처럼 보이는 것일까? 과연 성서의 텍스트는 통념처럼 이들을 선과 악의 화신으로 묘사하고 있을까? 성서 기록자의 평가는 역사적 진실을 정확히 반영하고 있는 것일까? 더 나아가 우리는 성서의 표면적 진술을 일체의 의심 없이 일점일획도 틀림없는 하나님의 말씀으로 받아들여야 하는 것일까?

이러한 질문에 대한 한 가지 흥미로운 대답을 만날 수 있는 책이 곽건용 목사가 쓴 사울·다윗 평전인 『일그러진 영웅 vs 만들어진 영웅』이야. 나와는 고등부 시절 전도사와 학생으로 잠시 인연을 맺었던 적도 있는 분이지. 저자는 서문에서 독자들이 이 책을 통해 다윗 편향적인 사무엘서의 시각에서 벗어나 그간 홀대받고 왜곡되었던 사울의 본모습을 발견하고 성서 최고의 영웅인 다윗의 어두운 뒷모습에도 주목하게 되길 기대한다고 말하고 있어. 이 도발적인 선언에서부터 벌써 이 책이 두 인물에 대한 기존의 통념을 뒤엎는 흥미로운 결말에 도달하리라는 것을 충분히 예측할 수 있지.

저자는 일단 사무엘서가 일방적으로 다윗 편을 드는 것처럼 보인다는 사실을 인정하고 있어. 그리고 이러한 입장이 성서, 그중에서도 여호수아-사사기-사무엘서-열왕기서로 이어지는 고대 이스라엘의 역사서술인 '신명기 역사서'들의 공식적인 견해라는 사실 역시 인정하지. 어찌 보면 이는 너무도 당연한 일이야. 성서에 나오는 사울과 다윗 이야기의 주목적이 왜 초대 왕이었던 사울이 몰락하고 일개 목동에 불과했던 다윗이 왕이 될 수밖에 없었는지를 설명하는 것이기 때문이지.

그러나 저자는 우리가 성서 본문을 자세히 살펴보면 이러한 다윗 편향적 견해는 다윗과 사울 두 사람을 왕으로 세운 사무엘이나 야훼의 입을 통해 나오는 판단일 뿐이라고 말해. 그리고 정작 성서의 이야기를 이끌어가는 기록자(narrator) 자신은 가급적 사울과 다윗 두 사람의 언행에 대한 직접적인 평가를 피하고 있는 것처럼 보인다고 지적하지. 이는 일관되게 다윗을 편애하고 사울에 대해 부정적인 야훼나 그의 대리인인 사무엘의 입장과, 그들의 말 외에 다양한 자료나 판단을 종합해 성서 이야기를 기록한 기록자의 입장이 정확히 일치하지 않을 수 있다는 뜻이야.

저자가 주목하는 부분은 바로 이러한 불일치야. 저자는 현대 문학비평의 방법을 사용해 야훼나 사무엘의 목소리와는 조금 결이 다른 사무엘서 기록자의 이야기를 주의 깊게 살핌으로써 야훼와 사무엘의 목소리를 통해 울리는 공식적인 신학적 '평가'의 이면에 감추어진 사울과 다윗의 현실적이고 정치적인 '본모습'을 발견하는 작업을 수행하고 있어. 그리고 이 과정에서 사울과 다윗의 본모습을 찾는 데 방해가 된다고 판단되는 경우에는 사무엘이나 야훼가 내린 공식적인 신학적 판단을 뒤집거나 비판하는 일도 주저하지 않지. 저자에게는 교회의 전통적 평가를 따르는 것보다 성서 이야기의 심층에 감추어진 '진실'을 찾아내는 일이 더 중요했던 것 같아. 저자는 이러한 자신의 책을 설화자의 사울-다윗 평전인 사무엘서를 비판적으로 분석해 새롭게 복원해낸 사울과 다윗의 모습을 담은 '평전에 대한 평전'이라고 규정한단다.

사울은 원래 왕이 될 생각이 없었어. 그래서 킹메이커였던 사무엘의 부름에도 수동적인 태도로 일관했고 제비뽑기로 왕으로 지명되었을 때는 숨어버리기까지 했지. 그리고 이러한 우여곡절 끝에 씨족 연맹체였던 이스라엘이 주변 국가들을 따라 단일왕정 체제로 이행하는 전환기에 첫 왕으로 등극하게 된 그의 삶은 처음부터 순탄치 않았어. 사무엘은 사울을 왕으로 세웠지만 하나님과 사람 사이를 이어주는 종교적 권위를 독점한 채 사울이 철저히 신정체제의 하수인으로 자신의 영향권 아래 남아 있기를 바랐지. 그러나 하늘 아래 두 개의 태양이 존재할 수는 없는 법. 둘 사이의 관계는 곧 틀어지고 말아. 야훼종교를 중심으로 하는 씨족 연맹체라는 전통 질서를 대표했던 사무엘의 권력은 신생왕정의 초대 왕인 사울을 압도할 정도로 강고했어. 결국 권력투쟁에서 패배한 사울이 자신의 왕정을 유지하기 위해 유일하게 의지할 수 있었던 보루는, 동시대 사람들이 왕에게 기대한 역할인 '전쟁 지도자'의 능력을 보여줌으로써 백성의 지지를 얻는 것뿐이었지.

사울이 초기에 힘겹게나마 권력을 유지할 수 있었던 것은 이 일에 성공했기 때문이야. 성서에는 사울이 용감한 사람이나 힘센 사람을 불러 모아 평생 동안 사방에 있는 적들과 전쟁하였으며 어느 쪽에서 싸우든 늘 이겼다고 기록되어 있지. 그러나 위태롭게 유지되던 사울의 권력은 다윗의 등장과 함께 무너지기 시작했단다. 먼저 그에게 등을 돌린 사무엘이 사울이 하나님께 버림을 받았다고 공언하면서 다윗을 새로운 왕으로 세웠어. 문제는 다윗이 사울을 훨씬 능가할 정도로 전쟁에 능한 전사였다는 거야. 다윗은 블레셋의 장수인 거인 골리앗을 살해한 전설적인 승리에서 시작해 여러 전투에서 압도적인 군사적 성공을 거두었으며, 이는 사울의 왕권을 유지해주던 유일한 버팀목마저 위협받는 상황에 처했음을 의미하는 것이었지. 점차 주변 사람과 백성들뿐 아니라 자신의 아들딸까지 다윗에게로 기울어지게 되는 것을 본 사울에게는 왕위를 찬탈당할 수 있다는 불안과 두려움으로 인한 공황이 자주 나타나기 시작했어. 그는 다윗을 죽이려 했지만 계속 실패했고, 결국 사람들과 야훼의 버림을 받은 채 블레셋과의 전투에서 파란만장한 일생을 마치고 말지.

이러한 사울과 달리 철저한 야훼주의자이자 강력한 권력의지의 소유자였던 다윗은 이스라엘의 숙적이었던 블레셋의 거인 장수 골리앗과의 싸움을 통해 전쟁영웅으로 등극했을 뿐 아니라, 이 과정에서 야훼만을 신뢰하는 태도를 보임으로써 신앙적인 측면에서도 블레셋 군대 앞에서 두려움에 사로잡힌 모습을 보였던 사울을 확실히 누르는 데 성공했어. 그는 곧 정적의 등장을 직감한 사울의 미움을 받아 궁정에서 쫓겨나 광야를 전전하는 처지에 놓이게 되지만, 처절한 생존본능으로 숱한 위기를 극복하면서 지역적 기반을 구축하는 데 성공했고 여러 우여곡절 끝에 마침내 왕위에까지 오르게 되었지. 이 과정에서 그는 종교적 신념과 정치적 고려로 두 차례나 사울을 살려주었으며, 이는 백성들에게 그를 정치적 이해관계를 초월하는 충신이자 신앙의 영웅으로 각인시키는 결과로 이어졌어. 사울이 보인 흠결에 대해서는 그렇게 엄격했으면서도 다윗의 죄에 대해서는 놀라우리만큼 관대한 것처럼 보이는 야훼

아빠가

의 편애 역시 이러한 영웅 만들기에 일조했다고 할 수 있어.

왕으로 등극한 다윗은 그의 혈연적 지역적 기반이었던 헤브론을 떠나 예루살렘으로 수도를 옮긴 후 그곳으로 야훼 신앙의 상징인 언약궤를 들여온단다. 예루살렘은 원래 가나안 원주민인 여부스 족속의 땅이었으나 다윗이 정복을 통해 개인 소유로 만들었던 곳이라 이스라엘의 어떤 지파에도 속하지 않았던 중립적인 도시였지. 이러한 다윗의 결정은 야훼 신앙이라는 종교적 전통은 계승하면서도, 중앙집중적 왕정이라는 새로운 정치체제를 저항 없이 정착시키는 묘수가 되었지. 이에 더해 다윗은 야훼 하나님이 자신의 왕조를 세우셨고 그 왕위가 그들의 후손에게 영원히 계승될 것이라고 확언하는 왕조 신학인 다윗 언약을 도입함으로써 새로운 왕조에 신학적 정통성을 부여하는 데까지 성공하게 돼. 여기까지 이르니 그의 인생에는 오직 성공의 탄탄대로만 펼쳐진 것처럼 보였어.

그러나 빛이 강하면 어둠도 짙어지는 법. 정치적 위상이 확고해지면서 다윗의 성품과 행동은 점점 '모든 이방 나라'의 왕처럼 변해가기 시작했어. 이는 충성스러운 장수였던 우리야의 아내와 불륜을 저지른 후, 이를 은폐하기 위해 우리야를 사지로 내몰아 죽이고 그의 아내 밧세바를 차지한 사건에서 절정에 도달하게 되지. 그러나 이 사건은 결국 그의 집안에 자식들 사이의 강간과 살인, 그리고 사랑하던 아들인 압살롬의 반역과 죽음이라는 피바람을 불러들이며 그의 인생을 내

리막길로 내몰게 된단다. 이러한 풍상을 겪어가며 노년에 도달한 다윗은 나단의 계책에 반응해 솔로몬을 후계자로 옹립했고, 죽음의 자리에서도 정치적 고려로 제거하지 못했던 요압과 시므이를 죽일 것을 솔로몬에게 당부함으로써 어두운 그림자를 남긴 채 일생을 마치고 말았어.

저자는 사울이 씨족사회에서 군주제로 이행하는 격동기에 등장해 자신의 소임을 완수하기 위해 최선을 다했으나 다윗의 존재 때문에 삶뿐 아니라 후대에 전해진 기억마저 뒤틀려버린 '일그러진 영웅'이었다고 평가해. 그리고 다윗에 대해서는 사울과의 권력투쟁에서 승리하고 후세에 영웅으로 기억되는 데도 성공했지만 실제로는 시대적·신학적 필요에 의해 사실 이상으로 부풀려진 '만들어진 영웅'이었다고 결론 내리지. 저자는 '일그러진 영웅'이 일그러진 데는 '만들어진 영웅'의 역할이 컸으며, '만들어진 영웅'은 '일그러진 영웅' 때문에 우리가 아는 대로 만들어졌다고 말해. 그리고 '만들어진 영웅'은 살아남아 메시아의 조상이 됐지만, '일그러진 영웅'은 만들어진 영웅과의 대결에서 패한 채 잊혀갔다고 주장한단다. 우리가 알고 있는 성서의 이야기를 완전히 뒤집는 충격적인 이해처럼 보이지만, 인류의 모든 역사가 '승자의 기록'이었던 사실을 감안해본다면 상당한 설득력을 지닌 설명이기도 하지.

여성신학자 엘리자베스 쉬슬러 피오렌자Elisabeth Schüssler Fiorenza는 성서의 이야기들 속에서 '해방의 동력'을 발견하기 위해서는 기존의 해석 전통에 대한 의심에서 출발해야 한다고 주장하면서 이를 '의심의 해석학'이라고 명명해. 영문학자 임철규 교수는 위대한 문학이란 망각 속에 묻혀 있는 희생자들을 역사 속으로 불러내 다시 기억하고 상처를 어루만지며 장례를 지내주는 '애도'의 행위라고 말하지. 철학자 발터 벤야민Walter Benjamin은 메시아는 억압받은 자들의 전통을 발굴해 기억하고 애도하는 현재의 자리인 '지금시간'에 도래하며, 역사가의 과업은 회상과 애도를 통해 과거를 회복하는 힘과 미래를 유토피아적으로 여는 힘이 함께 작동하도록 만드는 일이라고 역설한단다.

　　그렇다면 '만들어진 영웅'인 다윗의 어두운 뒷모습을 살피고 '일그러진 영웅'으로 낙인찍혀 잊혀져간 사울을 복권하려는 저자의 시도는, 의심-기억-애도-혁명으로 이어지는 종말론적인 해방을 꿈꾸는 실천의 몸짓이 될 수 있지 않을까? 물론 전통적인 교회에서 신앙생활을 해온 대부분 기독교인에게는 이런 해석의 방식이 꽤나 당혹스러울 거야. 성서의 모든 내용이 일점일획도 틀림이 없는 하나님의 말씀이라고 굳게 믿어 온 사람들에게는 성서 문자나 이야기의 이면에서 또 다른 진실을 찾아내려는 시도 자체가 심히 불편하게 느껴질 것이기 때문이지. 사실 나 역시 저자의 해석이 마냥 편안하거나 그 해석에 완전히 동의하는 것은 아니란다.

　　그러나 저자의 읽기가 잘 보여주듯 성서의 본문은 하나의 결론만을 일방적으로 지지할 정도로 그렇게 단순하지 않아. 얼핏 보기에는 일관되고 통합된 메시지를 지니고 있는 것처럼 보이는 이야기들도, 막상 자세히 살펴보면 수많은 굴곡과 모순들 그리고 다양한 의미를 품은 여러 층위를 포함하고 있단다. 나는 우리가 성서를 제대로 읽고 이해하는 올바른 길은 성서의 '문자'를 지나치게 숭배한 나머지 신성불가침의 '종이 교황'으로 만드는 대신, 본문을 깊이 숙고하면서 문자의 뒤에 존재하는 진실을 찾으려는 노력이라고 믿어. 그리고 이 도발적인 해석 역시 진실을 찾기 위한 의미 있는 시도 중 하나로 기억되기에 충분하다고 생각한단다. 기억하렴. 의심하지 않는 신앙, 질문하지 않는 성서 읽기는 언제나 사람을 화석화된 교리와 탐욕스런 교권의 노예로 만들 수 있다는 사실을.

도움 책

∝ 곽건용, 『일그러진 영웅 vs 만들어진 영웅』 꽃자리, 2019
  문학비평의 방법으로 성서를 분석해 사울과 다윗에 대한 기존의 평가를 뒤집는 '평전에 대한 평전'. 다윗을 '만들어진 영웅'으로, 사울을 '일그러진 영웅'으로 새로이 규정한다.
∝ 월터 브루그만, 『다윗의 진실』 대서, 2022
∝ 데이비드 울프, 『문제적 인간, 다윗』 김수미 옮김, 미래의창, 2016
  성서의 다윗 내러티브에 근거해 문제적 인간인 '다윗'을 재구성하는 또 다른 책들. 다윗을 신실한 신앙인에서 참혹한 죄인에 이르는 다양하고 모순적인 면모를 동시에 지닌 다채로운 인물로 묘사한다.
∝ 발터 벤야민, 『발터 벤야민 선집 5』 최성만 옮김, 길, 2008
∝ 김성민, 『바울과 현대철학』 새물결플러스, 2018
  메시아가 도래하는 곳은 역사의 폐허 속에서 억압받은 자들의 전통을 발굴해 기억하고 애도하는 '지금시간'이라는 발터 벤야민의 독특한 역사관을 담은 『역사의 개념에 대하여』와 그 글에 대한 유용한 해설을 만나볼 수 있다.

권력
−
인격적 순종과 기능적 복종

권세에 복종하라는 로마서 13장의 내용은
정당하게 행사되는 정부 권력에 대한 기능적 복종만을 가르치는 본문이며,
권력의 불가침성이 아니라 그 상대성을 부각시킨다.
−권연경

"지난 설교 시간에 목사님이 그리스도인들은 국가에서든 교회에서든 대통령이나 목사님처럼 권위를 가진 사람에게 순종해야 한다고 말씀하셨어요. 모든 권세가 하나님에게서 나왔으니 위에 있는 권세에 순종하는 것이 곧 하나님께 순종하는 일이라는 것이죠. 또 어떤 교회 어른들은 교회에서 목사님의 뜻을 거역하는 것은 하나님이 세우신 종에게 대적하는 행위이기에 반드시 벌을 받게 된다고 말해요. 그렇다면 잘못된 권력에 순종하는 것도 하나님께 순종하는 것인가요? 잘못된 권력은 선이 아닌 악으로부터 나오는 것이니 당연히 잘못됐다고 지적하거나 저항해야 하는 것 아닌가요. 기독교인은 권력에 대해 어떤 태도를 가져야 하는 것일까요?"

믿음을 묻는 딸에게,

내가 젊었을 때부터 정치와 관련해 교회에서 가장 많이 들어온 말 중 하나가 "위에 있는 권세에 복종하라"[15]였어. 보수적인 신앙을 가진 그리스도인들은 신약성서 로마서에 나오는 이 유명한 말을 세상 모든 권력의 원천은 하나님이시니 설령 부당해 보인다 할지라도 지상의 권력에 순종하는 것이 곧 하나님께 순종하는 일이라는 의미로 받아들이지. 그래서 우리가 젊을 때 이 본문은 기독 학생들은 데모가 아니라 공부를 열심히 해야 한다는 훈계를 위해 단골로 소환되곤 했지. 네가 들었던 설교도 바로 그런 이해의 연장선에 있다고 할 수 있어.

사실 최근에 내가 이 문제에 대해 다시 관심을 기울이게 된 것은 존 비비어가 쓴 『존중』이라는 책을 읽은 후부터였단다. 2009년에 발간되어 지금까지 무려 50쇄 가까이 인쇄되었을 정도로 많이 팔린 책이더구나. 이 책의 논지는 간단해. 하나님은 우리에게 설령 그것이 부당해 보일지라도 정부, 직장, 학교, 가정, 교회와 같은 인간 삶의 모든 영역에 위임된 권위에 순종해야 한다고 명하셨고, 우리가 그 명령에 따르면 그 정도에 상응해 부분적인 혹은 완전한 보상을 받게 된다는 거야. "권력에 대한 존중(순종)이야말로 복 받는 비결"이라는 변형된 번영신학의 가르침이 이 책의 중심에 자리 잡고 있다고 할 수

---

15) 신약성서 로마서 13장 1절

있지. 네 질문과 이 책을 접하면서 나 역시 기독교와 권력의 관계가 어떠해야 하는지 다시 한번 생각해보게 되었단다.

이 문제에 대해 그리스도인들이 가지는 대표적 생각은 권력이란 중립적이어서 누가 어떻게 쓰느냐에 따라 유용해지기도 하고 악해지기도 한다는 거야. 이런 방식으로 권력의 문제에 접근하는 학자로는 네덜란드의 신학자 헨드리쿠스 베르코프Hendrikus Berkhof가 대표적이야. 그는 신약성서 사도 바울의 편지들에 자주 나타나는 '권세들'이라는 용어에 대한 논의를 통해 이 문제에 대한 견해를 표명하고 있어. 원래 바울의 편지들에 나오는 '우주적 권세들'이란 그 시대에 인간의 운명에 영향을 끼친다고 생각되던 천사나 사탄 같은 영적이고 인격적인 존재들을 지칭하는 말이었다고 해. 그런데 베르코프는 바울이 이 용어에 내재된 신화적 의미를 제거한 후 우리의 삶에 영향을 끼치거나 지배력을 행사하는 다양한 지상적 체제나 구조들을 표현하기 위해 사용하고 있다고 주장하지. 한마디로 성서에 나오는 '권세들'은 인간을 지배하는 초자연적인 존재가 아니라 정치권력이나 사회제도 종교적 율법처럼 삶을 얽어매는 비인격적 구조를 지칭하는 말이라는 거야.

베르코프는 이러한 '권세들'이 하나님의 통치를 인간에게 매개하는 중계자이자 도구로 원래는 세계 내에서 긍정적 역할을 하도록 창조된 존재라고 말해. 그러나 타락 이후 이 권세들은 신의 자리를 가로채 스스로가 궁극적인 실체인 것처럼 행동하면서, 인간에게 자신들을 섬기도록 요구하는 '이 세상의 통치자'가 되어버렸다고 주장하지. 문제는 이러한 권세들 아래서의 삶이 무정부적인 혼돈의 상황과 비교해볼 때 그런대로 참을 만할 뿐 아니라, 때로는 괜찮다고 느껴지기까지 할 수도 있다는 거야. 이집트에서 탈출한 노예 집단이었던 이스라엘 사람들은 광야에서 조금만 어려움이 닥쳐도 다시 이집트의 노예 생활로 돌아가자고 아우성쳤고, 요즘도 일부 노년 세대 중에는 박정희나 전두환 시대가 보통 사람들에게는 먹고 살기 좋았던 호시절이었다고 강변하는 사람들이 있지. 그러나 베르코프는 그런 삶은 사실 하나님의 창조 목적에 훨씬 미치지 못하는 종살이에 불과하며, 하나님 아래서 누리는 진정한 해방에 비하면 차마 '삶'이라고 부르기조차 민망할 뿐이라고 일갈한단다.

베르코프는 이러한 권세들의 지배가 예수께서 십자가에 못 박힌 후 죽음으로부터 부활했을 때, 그리고 그 이후 이 소식이 선포되는 곳마다 종식되기 시작한다고 말해. 십자가 사건 이전에는 권세들이 세상을 지배하는 신들이자 궁극적인 실재로 여겨졌으나, 십자가가 선포되는 곳마다 그들의 가면이 벗겨지고 무장이 해제되면서 그리스도야말로 진정한 만물의 머리라는 사실이 만천하에 드러나게 된다는 것이지. 베르코프는 십자가 사건 이후 권세들은 멸망한 것이 아니라 그들이 불법적으로 찬탈하고 있던 왕위에서 폐위된 것이며, 결국은 참된 왕이신 그리스도의 권세 아래서 원래 창조 질서 안에서 가졌던 역할로 복귀하게 된다고 주장한단다.

그러나 권력 자체가 도저히 고쳐 쓸 수 없을 정도로 악마적이라고 생각하는 회의적인 시각도 기독교 내에 면면히 이어져왔어. 이런 방식으로 생각하는 학자로는 프랑스의 사회학자이자 평신도 신학자인 자끄 엘륄이 대표적이지. 그는 우리를 둘러싸고 있는 세상의 질서인 돈, 기술, 국가권력, 종교 같은 실체들을 '필연의 질서'라고 불러. 그리고 현대사회에서 이러한 필연의 질서들은 우리에게 경배를 요구하는 영적 실체인 '우상'이 되었다고 주장하지. 여기까지만 보자면 엘륄의 '필연의 질서'와 베르코프의 '권세'는 거의 동의어라고도 할 수 있어. 그러나 엘륄은 권세들을 끌어내린 후 원래 역할로 되돌릴수 있다고 주장하는 베르코프와 달리, 필연의 질서들은 철저하게 악마적이기에 결코 완전히 기독교화될 수 없다고 강조해.

그렇다면 그리스도인들은 이렇게 길들여질 수 없는 세상의 질서에 대해 어떤 태도를 취해야 할까? 엘륄은 일단 혁명을 포함한 어떠한 인간의 행위도 세상을 지배하는 필연의 질서를 변화시킬 수 없다는 사실을 인정해야 한다고 말해. 그럼에도 그리스도의 십자가를 통해 제한적이나마 이 세상 가운데서 자유를 누리게 된 그리스도인들은 철저한 사랑의 혁명과 급진적인 비폭력의 실천을 통해 세상의 질서를 거부하고 자유의 질서를 살아내야 한다고 주장하지. 엘륄에 따르면 그리스도인의 삶이란 베르코프의 방식대로 세상의 질서를 길들이거나 우리 대부분이 그러하듯 그 질서와 적당히 타협하는 것이 아니라, 세상의 질서와 복음의 자유 사이에서 지속적인 내적 긴장과 외적 투쟁을 지속하는 불편함을 감수하며 살아가는 길이라는 거야.

사실 베르코프와 엘륄 둘 중에 누구의 견해를 따르든 구원의 은혜를 체험한 그리스도인들이 도달할 수 있는 결론은 하나밖에 없어. 인격적으로 온전히 순종해야 할 절대적 권위를 가진 대상은 오직 그리스도뿐이라는 것이지. 그리스도인들이 예수 외에 어떤 절대적 순종의 대상도 인정할 수 없는 이유는, 세상에 존재하는 모든 권위들은 끊임없이 자신의 한계를 넘어 스스로를 우상화하고 절대적 순종까지 요구하려는 성향을 지닌 부정적 실체이기 때문이야. 사실 베르코프의 생각과 달리 현실 속에서는 십자가와 부활이 선포된 곳에서도 우상의 자리에 올랐던 '권세들'이 예수의 권세 아래로 복귀하는 일이 거의 일어나지 않아. 오히려 예수의 권세 아래 복귀했다고 주장하는 여러 영역의 '권세들'이 과거보다 더 지독하고 사악한 사탄적 행태를 보여주는 경우도 많지. 이에 대해 C. S. 루이스는 하나님의 부르심이 우리를 더 나은 존재로 만들지 못한다면 그것은 우리를 훨씬 더 악한 존재로 만든다고 통찰력 있게 지적했단다. 따라서 그리스도인들은 세상의 모든 권위가 가진 힘과 범위는 일시적이고 제한적이며, 어떤 권위도 스스로를 절대화하거나 유보 없는 존중을 요구할 권리가 없다고 강력하게 주장해야 해.

그렇다면 위에 있는 권세에 순종하라는 그 유명한 로마서의 가르침은 어떻게 이해해야 할까? 이에 대해 숭실대학교 기독교학과 권연경 교수는 권력과 국민의 관계는 역할과 권한으로 맺어지는 기능적 관계이기에 국민이 정부 권력에 대해 보여야 할 태도는 '인격적 순종(obedience)'이 아니라 '기능적 복종(submission)'이라고 말해. 그리고 성서는 통치자의 통치 행위에 대한 구체적 복종을 가르칠 뿐 인간 통치자 개인에 대해 인격적으로 순종하도록 가르치지는 않는다고 주장해. 통치자 개인이나 특정 정치집단에 대한 맹목적 충성은 우상숭배에 다름 아니기 때문이지. 우리는 하나님에 대한 순종의 방편으로 인간 권력에 복종하는 신앙적 태도와 인간 권력 자체에 대한 맹종을 신앙으로 포장하는 위선을 날카롭게 구분해야 한단다.

그렇다면 정당하지 않거나 의롭지 않은 권력에 대한 그리스도인들의 태도는 어떠해야 할까? 권 교수는 로마서 13장은 정당하게 행사되는 정부 권력에 대한 복종의 문제를 다루는 본문이기에, 불의한 정부에 대한 저항의 가능성에 대해서는 성서의 다른 곳에서 답을 얻어야 한다고 말해. 그리고 통치 권력에 복종해야 할 의무는 오직 그 권력이 하나님의 뜻을 수행한다는 전제에서만 유효한 것이며, 모든 권력이 하나님에게서 왔다는 성서의 가르침은 권력의 불가침성이 아니라 오히려 그 상대성을 부각한다고 강조하지. 나는 월권을 자행하거나 명백하게 불의한 권위에 대한 태도는 요한계시록 13장이 잘 보여주듯 이의제기에서부터 불복종과 순교까지를 포함하는 '비폭력 저항'이어야 한다고 생각해. 그리고 이 원리는 비단 정치권력뿐 아니라 위에 언급한 모든 권세에도 그대로 적용될 수 있다고 믿는단다.

우리가 출발했던 『존중』으로 돌아가자꾸나. 저자는 불의한 권위라 할지라도 순종한다면 복을 받을 것이라고 주장했지. 그런데 만약 우리가 살펴본 대로 세상의 모든 권위가 끊임없이 하나님의 지위를 넘보면서 지속적인 순종을 요구하는 영적 실체라면, 불의한 권위에 순종해서 받았다는 수많은 '복'들은 영적 우상숭배를 행한 대가로 악한 세력에게 받은 것이라고 보는 것이 더 타당할 거야. 그렇다면 우리는 예수를 주(主, Lord)로 고백하는 그리스도인들에게 정치권력이든 경제체제든 종교적 권위든 스승의 가르침이든 부모의 권위든 이 세상에서 무제한적으로 허용되거나 무조건 순종해야 할 권위는 아무것도 없다고 말해야 해. 그리고 정당하게 행사되는 권력혹은 '필연의 질서'에 대해서는 기능적 복종을, 부당하거나 정의롭지 않은 권위에 대해서는 비폭력 저항을 우리의 행동지침으로 삼아야 하겠지. 그리스도인들의 표지는 예수의 권위에 대한 인격적 순종이지만, 그 순종의 다른 얼굴은 예수 외에 누구에게도 얽매이지 않는 자유라는 사실을 꼭 기억하렴!

도움 책

◇ 헨드리쿠스 베르코프, 『그리스도와 권세들』, 윤성현 옮김, 대장간, 2014

신약성서에 나오는 '권세'에 대한 유명한 연구서. 하나님의 자리를 찬탈한 타락한 권세들도 십자가의 참된 권세 아래서 창조 시에 부여받았던 원래 역할로 돌아갈 수 있다고 주장한다.

◇ 자끄 엘륄, 『무정부주의와 기독교』, 이창헌 옮김, 대장간, 2011

◇ 자끄 엘륄, 『폭력에 맞서』, 이창헌 옮김, 대장간, 2012

엘륄은 그리스도인들이 폭력이나 국가권력 같은 필연의 질서를 거부하고, 권력에 대한 거부와 급진적 비폭력주의를 그 핵심으로 하는 자유의 질서를 살아야 한다고 주장한다.

◇ 신광은, 『자끄 엘륄 입문』, 대장간, 2010

쉽지 않은 엘륄의 사상을 잘 설명하는 소개서. 그리스도인들은 완전히 기독교화될 수 없는 세상의 질서를 거부하고 급진적 자유의 질서를 살아야 한다고 강조한다.

◇ 권연경, 『로마서 13장 다시 읽기』, 뉴스앤조이, 2017

권세에 복종하라는 로마서 13장의 내용은 정당하게 행사되는 정부 권력에 대한 기능적 복종을 가르치는 본문이며, 권력의 불가침성이 아니라 그 상대성을 부각한다고 강조한다.

믿음을 묻는 딸에게,

폭력과 평화
–
정당한 전쟁론과 평화주의

종교란 평화와 폭력이라는 두 얼굴을 가진 것처럼 보이지만,
실상 종교의 역사는 평화라는 이름의 폭력이 지배한 역사였다.

–박충구

"매일같이 접하는 폭력과 전쟁 뉴스를 보면 평화란 현실 속에서는 불가
능한 이상처럼 느껴져요. 구약성서만 해도 피비린내 나는 전쟁과 폭력
의 이야기들로 가득해서, 읽다 보면 혹시 야훼가 피에 굶주린 폭력적인
신이 아닌가 하는 생각이 들 때도 있었어요. 그리고 역사나 현실 속에서
수많은 전쟁과 폭력들이 종교인들에 의해 저질러져왔으며, 기독교 역시
그 폭력에서 예외가 아니었다는 것이야말로 정말 심각한 문제라는 생
각이 들어요. 차라리 종교가 사라진다면 오히려 세상에 평화가 찾아오
지 않을까요? 과연 그리스도인들은 전쟁과 평화에 대해 어떤 태도를 가
져야 하나요?"

인류의 가장 큰 염원이 평화라는 사실을 부인할 사람은 없을 거야. 그런데 인류 역사가 폭력으로 가득 차 있다는 것 역시 사실이지. 이는 성서에서도 마찬가지란다. 구약성서는 피비린내가 진동할 정도로 폭력으로 가득 찬 책처럼 보이지만, 한편으로 구약성서가 보여주는 가장 간절하고 궁극적인 소망은 절대적 평화의 상태인 '샬롬'이란다. 사실 폭력과 평화는 성서 전체를 지탱하는 두 개의 기둥 혹은 성서의 두 얼굴이라고 말할 수 있어. 감신대학교에서 신학을 가르쳤던 박충구 교수는 『종교의 두 얼굴』이라는 책에서 종교란 평화와 폭력이라는 두 얼굴을 가진 것처럼 보이지만, 실상 종교의 역사는 평화라는 이름의 폭력이 지배한 역사였다고 지적하고 있어. 슬프지만 우리가 성서와 역사와 현실을 통해 확인하는 진실과 부합하는 통찰이라는 사실을 인정할 수밖에 없단다.

구약성서의 이상인 '샬롬'은 자기 자신과 이웃 그리고 다른 피조물과의 관계에서 어떠한 종류의 억압이나 착취도 존재하지 않을 때 도달할 수 있는 공평하며 정의로운 상태라고 말할 수 있어. 이는 단순히 폭력이나 전쟁이 없는 상태를 지칭하는 소극적 개념이 아니라, 갈등이나 분쟁이 생길 수 있는 원인이 모두 사라진 상태를 뜻하는 적극적 개념이야. 박충구 교수는 성서의 율법에 나타나는 고아와 과부와 외국인 같은 사회적 약자에 대한 배려의 정신과, 이사야 예언자가 그리는 사자와 어린양이 함께 뛰어노는 평화의 환상이야말로 구약성서의 '샬롬'을 가장 잘 보여주는 예라고 말해. 그리고 이러한 상태는 하나님의 백성이 하나님과 맺은 계약의 정신에 따라 정의를 추구하고 약자를 배려할 때 하나님으로부터 주어지는 선물이자 축복이라고 주장하지.

이러한 샬롬의 정신은 예수 그리스도의 도래와 함께 열린 신약성서 시대에 더 구체적이고 완전한 형태로 발전하게 된단다. 박충구 교수는 예수의 삶이 지향했던 궁극적 목표는 정의와 평화로 가득한 하나님 나라를 가져오는 것이었으며, 예수는 이 목표를 폭력적 검(violent sword)이 아니라 고난받는 종(suffering servanthood)의 방식으로 이루었다고 말해. 예수 그리스도는 메시아 왕국이 혁명과 폭력으로 이루어져야 한다는 동시대 사람들의 기대와 요구를 철저히 거부했으며, 자신의 제자가 되기 위해서는 이웃사랑의 가르침을 이방인과 원수에게까지 급진적으로 확장해야 한다고 가르쳤다는 거야. 사실 십자가에서의 죽음이 잘 보여주는 예수 그리스도의 자발적 희생과 비폭력과 원수 사랑을 강조한 산상수훈[16]의 가르침이야말로 오늘날 우리가 '평화주의'라고 부르는 바로 그 길의 핵심적인 내용이라고 할 수 있단다.

---

16) 산상수훈은 신약성서 마태복음 5-7장에 기록된 예수의 유명한 설교를 지칭하는 말이다. 예수가 갈릴리 지역의 산에서 행한 설교이기에 산상수훈 또는 산상설교라 부른다. 원수 사랑과 보복 금지, 무저항 비폭력 정신을 포함한 예수의 급진적인 윤리적 가르침이 이 설교에 집약되어 있다.

이러한 예수 그리스도의 삶과 가르침을 기초로 형성된 초대교회는 당연히 평화주의의 입장을 따랐단다. 테르툴리아누스나 클레멘스 같은 초기 기독교 교부[17]들은 산상수훈의 가르침에 따라 예수의 비폭력 정신을 따르는 것이 그리스도인의 정체성을 보여주는 가장 중요한 표지 중 하나라고 생각했지. 그래서 초기 기독교 문헌에 보면 그리스도인이 되기 위해 군인의 지위를 포기했거나, 회심 후 전쟁터에서 무기를 드는 것을 거부했던 군인들의 이야기가 나와. 그런데 콘스탄티누스 황제의 기독교 공인 이후 압제받는 소수 종교에서 로마 제국의 국교의 지위를 얻게 된 기독교는 평화주의의 신념을 포기하게 돼. 한 나라가 유지되기 위해서는 내적인 질서 유지와 외부 세력과의 전쟁이 필수적이기 때문에, 기독교가 국교의 지위를 유지하기 위해서는 어떤 형태로든 폭력을 정당화하지 않을 수 없었던 거야. 결국 서방 기독교는 평화주의를 포기하고 아우구스티누스와 토마스 아퀴나스를 거쳐 현대의 라인홀드 니버Reinhold Niebuhr로까지 이어지는 '정당한 전쟁론'을 전쟁과 평화에 대한 공식 입장으로 채택하게 되었단다.

여기서 현대의 정당한 전쟁 이론의 대표격이라 할 수 있는 기독교 윤리학자 라인홀드 니버의 입장을 살펴보는 것이

---

17) '교부'란 기독교 역사 초기에 활동하면서 로마의 박해와 이단과의 논쟁 같은 상황에 대처하면서 기독교 신학의 기초를 다진 고위 성직자나 신학자들을 일컫는 말이다.

좋겠구나. 니버는 인간은 죄악으로 인해 타락한 본성 때문에 예수께서 가르치신 완전한 비폭력과 급진적인 사랑의 윤리를 실천할 능력을 상실했다고 말해. 그리고 인간이 본성상 이기적이고 비윤리적인 공동체나 사회 안에서 사랑을 실천하는 유일한 방법은 정의를 실현하는 것이라고 주장하지. 그는 타락한 세상 가운데 정의를 실현하기 위해서는 힘(강제력)이 필요하며, 이를 위해서는 폭력이나 전쟁도 허용되어야 한다고 결론 내린단다. 한마디로 죄악이 지배하는 현실 속에서 이웃사랑을 실천하는 방법은 정의를 실현하는 것이며 이를 위해서는 폭력이 허용되어야 한다는 거야. '기독교 현실주의'라 불리는 그의 생각은 단순히 기독교의 전통적 가르침에 충실한 신학적 입장일 뿐 아니라, 현대 미국 정치에도 지대한 영향을 끼쳤다고 평가되고 있지.

그런데 사실 기독교가 지배했던 서구 중세 시대는 모든 사람이 기도하는 사람, 싸우는 사람, 일하는 사람이라는 세 위계로 나뉘어 서로 간에 엄격하게 역할이 구분되어 있었단다. 이 중 기도하는 사람들인 성직자는 무기를 드는 것이 금지되어 있었고, 귀족이나 직업군인이 아닌 일하는 사람에 속한 일반 평민은 전쟁에 참여할 기회 자체가 없었어. 따라서 적어도 이론적으로는 성직자나 일반인들의 경우 평화주의적인 삶을 살아가는 것이 가능했다고 할 수 있어. 그리고 근대국가 체제에서 징병제의 채택으로 모든 성인 남성이 전쟁에 참여하게 된 후에도 평화주의적 신념은 재세례파[18]로 대표되는 일부 기독교 종파들에 의해 꾸준히 이어져왔단다. 그리고 서구의 주류 기독교 내에도 평화주의의 영향력은 생각보다 훨씬 강하게 자리 잡고 있어. 실제로 현대 한국의 복음주의에 지대한 영향을 미친 존 스토트John Stott 신부와 대천덕 R. A. Torrey III 신부는 목회자로서의 양심에 따라 2차 대전 참전을 거부한 이력이 있어. 그리고 독일 통일에 결정적인 역할을 했던 성 니콜라이 교회의 평화 기도회를 이끈 크리스치안 퓌러Christian Führer 목사의 자서전에 보면 냉전 한가운데 있었던 동독의 서슬 퍼런 공산주의 정권조차 교회 내의 강력한 평화주의 전통 때문에 신학생들을 군사훈련에 동원하려는 계획을 철회시킬 수밖에 없었다는 에피소드가 나온단다.

이러한 평화주의의 흐름을 학문적으로 잘 정리한 현대 학자로는 단연 재세례파 신학자 존 하워드 요더John Howard Yoder를 들 수 있어. 그는 기독교 윤리의 출발점이 라인홀드 니버의 주장처럼 사랑을 실천할 능력을 상실한 인간의 현실이 아니라, 성서에 나타난 예수 그리스도의 삶과 가르침이어야 한다고 주장한단다. 그리고 예수 그리스도의 윤리적 가르침의 핵심은 산상수훈에서 선포되고 십자가에서 완성된 무저항 비폭

---

18) 재세례파는 산상수훈에 따른 급진적 제자도와 비폭력 평화주의를 그 특징으로 하는 개신교의 교파이다. 교회가 세상과 구별된 '대조사회'로 존재하는 것 자체가 복음을 전하고 세상을 변화시키는 방법이라고 주장한다.

력의 정신이라고 강조하지. 따라서 요더는 예수의 제자를 자처하는 그리스도인들이라면 그분의 정신을 따라 세상 가운데서 모든 종류의 폭력과 전쟁에 반대하는 철저하고 급진적인 평화주의자로 살아야 한다고 주장한단다. 이는 그리스도인들에게 예수의 십자가란 단순히 구원을 주는 은혜의 사건일 뿐 아니라 따라야 할 모범이기도 하며, 개인 구원의 사건일 뿐 아니라 아니라 사회윤리의 기초이기도 해야 한다는 의미야.

물론 평화주의자들도 사회질서를 유지하기 위한 폭력의 필요성까지 완전히 부정하는 것은 아니야. 요더도 타락한 세상 가운데 질서가 유지되기 위해서는 국가의 강제력이 필요하다는 사실은 인정한단다. 다만 그는 국가의 강제력은 질서 유지를 위해 필요한 최소한의 범위에서만 허용되어야 하며, 예수의 제자로 살아가는 그리스도인들은 이런 폭력에조차 절대 참여해서는 안 된다고 주장해. 따라서 요더를 포함한 현대 평화주의자들은 그리스도인들이 공권력이라는 이름의 폭력을 사용해야 하는 경찰이나 군대 같은 공직에 참여하는 것에 대해 매우 부정적이란다. 한국에서는 병역거부로 잘 알려져 있으며 이단으로 취급받는 여호와의 증인이 이러한 기독교의 평화주의 정신을 고수하는 대표적인 집단이라 할 수 있지.

그리스도인은 정당한 전쟁론과 평화주의 중 과연 어떤 편에 서야 할까? 이 질문에 대답하기 위해서는 각 입장의 주장뿐 아니라 그 한계에 대해서도 알고 있어야 해. 먼저 정당한 전쟁론의 대표격인 '기독교 현실주의'는 예수의 이름으로 죄를 극복했다고 주장하는 그리스도인들이 막상 세상 가운데서는 압도적인 죄악의 현실과 타협하며 살아가라고 가르친다는 문제에 봉착하게 된단다. 어떤 학자는 니버의 신학이 이룬 일이란 결국 '암흑의 초월성'이라는 죄의 압도적인 실재를 드러낸 것뿐이라고 비꼬기도 했지. 이에 반해 '평화주의'는 '책임윤리'라는 중요한 걸림돌을 넘어야 하는 과제를 안고 있어. 만약 그리스도인이 폭력을 사용해야 하는 어떠한 공직에도 참여하지 말아야 한다면, "짐승의 비천함을 감수하면서 성인의 고귀함을 이뤄야 하는" 직업정치와 같은 책임윤리의 영역은 그리스도인에게 영원히 금단의 열매로 남아 있을 수밖에 없어. 내 이웃이 제도적 폭력이나 불의한 전쟁에서 희생되건 말건 내 손에만 피를 묻히지 않으면 된다는 태도가 과연 세상에 진정한 평화를 가져올 수 있을까?

나는 젊은 시절 라인홀드 니버의 사상을 처음 접한 후, '폭력을 통한 정의'라는 차악(次惡, the lesser evil)이야말로 죄악으로 가득한 세상 한가운데서 사랑을 실천하는 유일한 방식이라는 그의 이론에 많이 공감해왔지. 그러나 핵무기 같은 대량살상무기의 출현으로 '정의로운 전쟁'이라는 이상을 현실 속에서 실현하는 것 자체가 불가능해졌을 뿐 아니라, '정의로운 전쟁'이라는 명분이 언제나 침략전쟁을 합리화하는 수사로 전락하는 현실을 보면서, 과연 니버의 이상인 '폭력을 통한 정의'가 실현 가능한지에 대해 의심이 들기 시작했어. 그러면서 산상수훈과 제자도의 가르침을 개인과 사회의 영역에 일관되게 적용하면서 비폭력의 메시지를 전하는 요더와 평화주의의 가르침에 갈수록 매력을 느끼게 되었단다.

지금 이 문제에 관한 내 생각은 다소 모순적이야. 평화주의의 가르침이 그리스도인의 바른 자세여야 한다는 생각에 점점 더 마음이 가면서도 "인간 역사에 더 큰 살상을 막기 위해 사람을 죽이는 것이 필요했고 또 그것이 도덕적으로 옳았던 순간들이 드물게 존재하고 있었다"는 결론에서 떠나지 못한 상태라고 정리할 수 있겠지. 평화주의가 더 성서적 입장이라고 생각하지만 그 결과에 두려움을 느낀 나머지 폭력의 필요성을 용인하는 기독교 현실주의에서 차마 발걸음을 떼지 못하는, 이상과 현실 사이에서 머뭇거리는 겁쟁이 그리스도인이라는 표현이 딱 어울릴 것 같아.

아마도 이 세상이 지속되는 한 그리고 기독교가 주류 종교의 하나로 존속하는 한 이 문제와 관련된 논쟁은 끊이지 않을 거야. 나는 우리가 어떤 입장에 서든 현실 속에서 온갖 박해와 어려움을 감수하면서까지 예수 그리스도의 가르침을 삶 가운데서 실천하고자 노력했던 평화주의자들을 비현실적인 이상주의자라고 함부로 매도하는 것만은 피해야 한다고 믿어. 우리가 이 세상 가운데서 '샬롬'의 이상을 포기하는 순간 우리에게는 '구원하는 폭력의 신화'만이 유일한 희망으로 남게 되기 때문이지. 기억하렴. 폭력은 구원이 아니라 또 다른 폭력으로 이어지는 끝없는 악순환을 부를 뿐이라는 것을. 그리고 현실주의자들은 언제나 자신들이 세상을 이끌어간다고 큰소리쳐 왔지만, 역사 속에서 실제로 세상을 바꾸어왔던 사람들은 자신들의 이상을 이 땅에서 실현하기 위해 불가능한 것을 꿈꿨던 바보들이었다는 것을.

도움 책

∞ 박충구, 『종교의 두 얼굴』, 홍성사, 2013
　고대 그리스 시대에서 21세기에 이르는 서구 역사를 '평화'와 '폭력'이라는 관점에서 살피는 책. 그리스도인이 '정의로운 전쟁'이 아닌 '정의로운 평화'를 추구해야 한다고 역설한다.

∞ 김두식, 『평화의 얼굴』, 교양인, 2007
　'양심에 따른 병역거부'를 둘러싼 첨예한 논쟁과 그와 관련된 장구한 '기독교 평화주의'의 역사를 소개하면서, 그 정당성을 설득력 있게 옹호한다. 이 주제에 관한 첫 번째 필독서.

∞ 박도현, 『정의로운 전쟁과 평화주의』, 예영커뮤니케이션, 2010
　정의로운 전쟁론과 평화주의를 각 이론의 대표격인 라인홀드 니버와 존 하워드 요더의 사상을 통해 살피는 책. 쉽지 않은 두 학자의 생각을 알기 쉽게 설명한다.

∞ 라인홀드 니버, 『도덕적 인간과 비도덕적 사회』, 이한우 옮김, 문예출판사, 2017

∞ 존 하워드 요더, 『국가에 대한 기독교의 증언』, 김기현, 대장간, 2012
　현대의 정의로운 전쟁론과 평화주의를 대표하는 니버와 요더가 이 주제에 대해 쓴 책들. 그들의 생각을 당사자의 목소리로 직접 접할 수 있으나 상당한 수준의 사전 지식 없이 바로 읽기는 쉽지 않다.

∞ 크리스치안 퓌러, 『그리고 우리는 거기에 있었다』, 최용중 옮김, 예영커뮤니케이션, 2015
　독일 통일에 결정적 역할을 했던 라이프치히 성 니콜라이 교회의 평화 기도회를 이끈 저자의 자서전. 예수 그리스도의 비폭력 정신이 자신이 이끈 평화혁명의 원천이었다고 고백한다.

믿음을 묻는 딸에게,

종말
–
'빨간 약'을 드시겠습니까?

계시록의 환상 속에서 사도 요한이 만났던 어떤 괴물도
계시록을 희한하게 오독하는 해석자들만큼 사납지는 않았다.

–체스터튼

"드디어 성서의 마지막 책인 요한계시록을 읽고 있어요. 지금까지 읽었던 성서들도 쉽지는 않지만 요한계시록은 정말 이해하기가 어려워요. 도대체 왜 이 이상하고 희한한 이야기가 성서의 마지막을 차지하고 있는 거죠? 요한계시록은 왜 역사의 마지막에 이렇게 끔찍한 일들이 벌어져야 한다고 말하죠? 대체 이 이상한 책을 왜 그리고 어떻게 읽어야 하는 거예요?"

많은 어려움에도 불구하고 성서 읽기를 멈추지 않은 끝에 드디어 마지막 책인 요한계시록에 도달한 것을 축하한다! 그런데 네 앞에 놓인 마지막 관문인 요한계시록이야말로 지금까지와는 차원이 다른 당혹감을 선사할 것이라고 장담할 수 있단다. 우리가 사는 세상이 반드시 종말에 다다르게 되고 그때가 되면 온갖 기이하고 초자연적인 일들이 일어나며, 신실한 그리스도인들이 그 과정 가운데 온갖 고난과 박해를 거치게 된다는 이 무섭고도 기이한 메시지는 너뿐 아니라 누구라도 두려움에 빠지게 하기에 충분하니까. 사실 기독교 역사가 시작된 이래 요한계시록은 세상에서 가장 위험한 문학작품 중 하나로 여겨져왔으며, 수많은 사람이 함부로 이 위험한 책을 열어보지 말라고 경고해왔단다.

그런데 원래 모든 금기는 깨지기 위해 존재하는 법이고, 이는 계시록에 대해서도 예외가 아니었어. 달콤한 금단의 열매를 맛보기 원했던 그리스도인들은 곧 이 책이 보여주는 종말, 휴거, 말을 탄 네 사람, 적그리스도, 666, 최후의 심판과 같은 무시무시하지만 매혹적인 환상에 푹 빠져들었단다. 그런데 문제는 이 위험한 책을 접한 후 그 내용을 진지하게 현실로 받아들인 사람들이 있었다는 거야. 그들은 임박한 종말이라는 환상에 사로잡혀 자신의 집과 소유를 기꺼이 포기한 후 광신적인 소종파의 일원이 되거나, 대부분 처참한 비극으로 끝난 '새 하늘과 새 땅'의 건설을 위한 반란에 참여하기도 했지. 그래서 영국의 유명한 문필가 체스터튼은 "계시록의 환상 속에서 사도 요한이 만났던 어떤 괴물도 계시록을 희한하게 오독하는 해석자들만큼 사납지는 않았다"고 재치 있게 일갈했다고 해!

　요한계시록은 1세기 말경 도미티아누스 황제의 기독교 박해로 밧모라는 섬에 갇힌 요한이라는 저자가 자신이 본 환상을 바탕으로 기록한 성서의 마지막 책이야. 요한계시록이 그렇게 위험하게 여겨지는 이유는 바로 이 책의 대부분이 '묵시'라 불리는 특수한 문학 양식으로 기록되었기 때문이지. '묵시'란 신약성서가 기록되었던 시대에 유대인들 사이에서 크게 유행했던 이야기체의 문학 양식이었어. 이 양식에 속한 작품들은 모두 전 우주적 차원에서 펼쳐지는 선과 악의 치열한 싸움을 그 중요한 줄거리로 삼고 있어. 그리고 악의 세력이 지배하는 현시대에는 악인들이 득세하고 선한 사람들이 고난당하고 있지만, '종말'이라 불리는 특정한 때가 되면 신적인 존재의 초자연적인 개입을 통해 악의 세력이 심판받고 선이 지배하는 새 하늘과 새 땅이 도래한다는 결말에 이르게 되지.

　사실 이러한 계시록과 묵시문학의 줄거리는 서구문화 전체를 관통하는 영감의 원천이 되어 수많은 위대한 예술작품을 탄생시켰고 현재도 판타지 문학이나 영화, 게임과 같은 대중문화의 영역에서 막대한 영향을 끼치고 있단다. 아마 너도 판타지물이나 게임을 통해 이와 유사한 줄거리를 가진 이야기들을 접한 경험이 있을 거야. 그럼에도 계시록이 낯선 이유는, 이러한 내용과 메시지를 전달하기 위해 동시대 사람들에게는 친숙했지만 오늘의 우리에게는 기괴하게 느껴지는 다양한 상징이나 그림 언어를 사용하고 있기 때문이야. 결국 우주적 차원에서 벌어지는 선과 악의 대결, 현시대에 대한 철저한 심판, 그리고 새로운 시대에 대한 혁명적 기대가 우리에게 익숙하지 않은 무섭고도 환상적인 그림 언어로 묘사되어 있다는 점이 이 책의 매혹과 위험을 동시에 설명해준다고 볼 수 있단다.

역사적으로 볼 때 요한계시록의 이상한 환상들이 과거·현재·미래의 어느 시점을 묘사하고 있는지에 대한 견해 차이로 다양한 해석의 학파가 존재해왔어. 이는 크게 보자면 과거주의, 역사주의, 미래주의, 상징주의의 네 방식으로 나뉜단다. '과거주의'는 미래에 일어날 일을 보여주는 형식으로 되어 있는 계시록의 환상들이 사실은 전적으로 로마 제국 시대에 살던 계시록의 1차 독자들이 겪고 있던 고난과 소망을 묘사한 것이라고 주장하는 입장이야. 이 방식에서 계시록의 '괴물'들은 당시에 기독교인들을 박해하던 로마 제국과 그 통치자들을 지시하는 암호라 할 수 있지. 그들은 자신들이 현재 당하고 있던 박해를 기록으로 남기길 원했지만, 더 심각한 탄압을 우려한 나머지 자신들의 상황을 상징이라는 우회적 방식으로 묘사할 수밖에 없었다는 거야.

'역사주의'는 계시록의 환상들이 과거의 특정 시기나 현재 일어나고 있는 일들을 묘사하는 그림 언어라고 주장하는 입장이야. 이 견해를 취하는 사람들은 대체로 동시대에 자신들에게 가장 위협적인 세력을 계시록이 묘사하는 악의 실체로 간주하는 경향이 있어. 루터는 그가 치열하게 싸워야 했던 동시대의 교황을 계시록에 나오는 뿔 달린 악한 짐승과 동일시했고, 냉전 시대에는 소련이 그 짐승의 자리를 물려받았으며, 냉전이 끝난 후로는 일부 이슬람 국가와 테러 집단이 새로운 '악의 축'이 되었지.

일반인에게 가장 잘 알려진 요한계시록의 해석 방식인 '미래주의'에 따르면 계시록은 '종말'이라고 부르는 미래의 어느 때가 도래하면 문자적으로 실현될 일련의 사건들을 예언해주는 문서야. 대중적으로 잘 알려진 휴거나 대환난 같은 종말의 표상이 미래주의자들이 즐겨 사용하는 환상들이고, 역사에 주기적으로 등장해 떠들썩한 물의를 일으켜왔던 시한부 종말론자들이 바로 미래주의 진영에 속한 자들이야. 이런 해석에 관심을 가지는 사람들은 세상 속에서 마지막 날이 시작되었다는 '징조'를 찾기에 혈안이 되어 있는 경우가 많지.

마지막으로 '상징주의'는 계시록의 환상들이 특정한 역사의 시기를 묘사하는 것이 아니라, 2000년 전 예수의 오심으로부터 지금까지 역사 속에서 지속적으로 일어나고 있는 일들을 다양한 상징을 통해 보여주는 그림 언어라고 주장하는 입장이야. 이 해석을 따르는 사람들에게 계시록의 사건들이 벌어지는 무대인 '종말'이란 미래에 도래할 특정 시기가 아니라 예수가 처음 오신 때로부터 예수가 다시 오실 재림의 시간까지 이어지는 역사의 모든 시기를 의미해. 이 입장을 따르는 자끄 엘륄은 계시록 저자에게 당대의 역사적이고 구체적인 현실은 추상적이고 근원적인 진리를 표현하기 위한 계기 혹은 도구에 불과했으며, 요한계시록이 말하는 "마지막 때"란 미래에 있을 역사의 한 순간이 아닌 "이 세상의 감춰진 차원" 혹은 "역사적인 것의 항구적인 깊이"를 의미하는 것이라고 주장해.

만약 이 환상들이 전적으로 과거를 묘사한 것이라면 계시록은 박해받던 초대교회의 역사를 복원하기 위한 여러 사료 중 하나가 되겠지. 만약 이 환상들이 전적으로 현재 혹은 미래의 특정 시점에 국한된 것이라면 계시록은 '종말'이라는 이름을 가진 정교하지만 위험한 그림 퍼즐을 맞추기 위한 조각들의 모음이 될 것이고. 그러나 만약 우리가 요한계시록을 현실과 확고하게 연결되어 있는 현실 너머의 또 다른 실재를 보여주는 '상징'으로 이해한다면 요한계시록을 읽는 일은 유명한 영화인 〈매트릭스〉의 '빨간 약'을 삼키는 것에 비견될 수 있을 거야.

〈매트릭스〉에서 빨간 약과 파란 약 중 하나를 선택하도록 요구받은 주인공 네오는 진실을 알려주는 '빨간 약'을 삼킨 후, 그가 지금까지 현실이라고 생각했던 가상공간 이면에 존재하던 '진짜' 현실 세계를 마주하게 돼. 그는 자신에게 익

믿음을 묻는 딸에게,

숙했던 가짜 현실을 떠나 지금 막 알게 된 진실의 편에 서서 싸우는 편을 택하지. 요한계시록에서 천사가 보여준 환상이라는 '빨간 약'을 먹은 사도 요한은 그가 직면한 고난과 박해로 가득한 현실의 이면에 존재하는 신적 초월의 세계를 볼 수 있는 특권을 얻게 돼. 그리고 그들이 당하는 박해와 그들을 박해하는 로마 제국마저도 역사의 주인이신 하나님과 그 아들인 예수 그리스도의 통치에 의해 주도되는 더 큰 그림의 일부에 불과하다는 사실을 깨닫게 된단다.

그렇다면 요한계시록이라는 '빨간 약'은, 로마 제국이야말로 세상과 역사를 지배하는 궁극적인 실체라는 견해를 거부하고 그 이면에서 실제로 역사를 주관하시는 하나님의 활동을 보여줌으로써, 그 시대를 지배했던 지배 이데올로기에 정면으로 반기를 들었던 강력한 정치적 종교적 저항 문헌 중 하나로 볼 수 있단다. 그뿐 아니라 계시록은 현재 예수 그리스도를 따라 박해와 고난을 경험하고 있는 모든 기독교 공동체로 하여금 당대의 지배 이데올로기와 시민 종교에 저항하는 예배와 증언을 기꺼이 감당하는 더 신실하고 더 참여적인 공동체가 되도록 격려하는 책이라고 할 수 있어. 이를 위해 요한계시록은 고난받는 성도들에게는 인내를, 중간 지대에 살아가는 성도들에게는 결단을, 평안하다고 느끼는 성도들에게는 각성을 촉구하고 있지. 결국 계시록은 일차적으로 과거에 뿌리박고 궁극적으로는 미래를 지향하지만, 압도적으로 현재

이 자리에서 이뤄지는 예배와 행동을 격려하기 위한 즉 예전적(ritual)인 동시에 정치적(political)인 텍스트라고 결론 내릴 수 있단다.

요한계시록의 내용 중 특별히 인상적인 부분은 세상과 맞서는 그리스도인들의 참된 무기가 무력이나 폭력이 아닌 어린양의 피와 자신들이 증언한 말씀 그리고 순교까지도 감수하는 희생이라고 강조한다는 거야. 기독교 신학자인 마이클 고먼Michael Gorman은 요한계시록을 악한 사람들이나 체제를 상대로 벌이는 전쟁에 정당성을 제공하는 책으로 읽는 것은 이 책의 상징과 구조를 완전히 잘못 읽은 것이라고 말해. 계시록의 마지막 부분인 19장에서 죽임당한 어린양인 예수 그리스도는 하나님을 대신하여 세상에서 악을 제거하지만 오직 자신이 흘린 피와 성서의 말씀으로 그 일을 하신단다. 그리고 그리스도와 함께 그 전투에 참여하는 성도들에게도 전쟁이나 폭력을 포함한 어떤 종류의 강제력도 요구되지 않아. 요한계시록을 통틀어 그들에게 허용된 것은 오직 '증언'과 '고난'과 '순교'뿐이지. 이는 계시록의 1차 독자였던 초대교회 성도들이 겪고 있던 고난이 힘이 없어 당할 수밖에 없었던 박해가 아니라, 그 자체로 로마 제국이라는 악한 지배체제에 맞서는 치열한 싸움의 방식이었음을 의미한단다.

요한계시록을 다 읽어본 네 소감이 어떤지 궁금하구나. 그냥 기괴하고 이상한 책으로 여겨졌거나 무슨 소리인지 도무지 이해할 수 없는 지루한 책이었을 수도 있었겠지. 나는 수많은 사람들의 생각처럼 요한계시록이 매우 위험한 책이라고 생각해. 먼저는 이 책을 이용해 만든 허술한 종말의 시간표로 성도들을 미혹하는 일부 '양복 입은 무당들' 때문에 그렇지. 너도 살아가면서 요한계시록을 이용해 '미래'를 예언하면서 종교적 헌신이나 금품을 요구하는 종교 사기꾼들을 조심하도록 하렴. 그러나 사실 요한계시록이 위험한 진짜 이유는 계시록이 하나님의 자리를 차지하려는 모든 형태의 우상숭배와 시민 종교를 전적으로 거부하는 강력한 반제국주의의 메시지를 품고 있을 뿐 아니라, 제국에 저항하는 방식으로 자발적 고난과 순교라는 극단적인 비폭력 저항의 길을 가르치고 있기 때문이야.

　　요한계시록은 고난의 시대를 살아가는 신자들이 현실 너머에 있는 종말과 천국을 바라보게 하기보다, 바로 그 고난의 한가운데서 인내를 통해 참된 증인이요 제자로 살아가도록 격려하는 책이라고 할 수 있어. 이 세상은 내 집이 아니라고 노래하며 죽은 후의 천국을 고대하는 '신자'가 아닌, 바로 지금 여기서 하나님 나라를 소망하며 치열하게 일상을 살아가는 '제자'야말로 요한계시록의 진짜 독자라는 뜻이지. 그래서 누구든 지금까지 누려온 일상과 예배의 안락함을 계속 유지하며 종교인으로 평안히 살아가기를 원한다면 이 위험한 책을 영원히 '봉인된 채로' 남겨놓는 것이 좋아. 그러나 제자로

살아가는 좁은 길을 가려고 결심한다면, 그때는 이 '빨간 약'
이 그 길로 들어가는 문을 여는 열쇠가 되어줄 거야. 너라면
어떤 약을 선택하겠니?

도움 책

∞ 리차드 보쿰, 『요한계시록 신학』 이필찬 옮김, 한들출판사, 2000
∞ 크레이그 쾌스터, 『인류의 종말과 요한계시록』 최흥진 옮김, 동연, 2011
∞ 마이클 고먼, 『요한계시록 바르게 읽기』 박규태 옮김, 새물결플러스, 2014
　요한계시록에 대한 전문적인 연구서들. 모두 요한계시록은 주로 미래가 아닌 현재에 대해
　말하고 있으며, 고난에 처한 성도들이 더 신실하고 선교적인 공동체가 되도록 격려하는 것
　이 그 목적이라고 강조한다.
∞ 자끄 엘륄, 『요한계시록 주석』 유상현 옮김, 한들출판사, 2000
∞ 유진 피터슨, 『묵시 : 현실을 새롭게 하는 영성』 홍병룡 옮김, 한국기독학생회출판부, 2002
∞ 김추성, 『하나님과 어린양의 보좌』 이레서원, 2015
　계시록의 강조점이 미래가 아니라 현재라는 상징주의의 입장에서 계시록을 해설하고 있는
　주석들.

믿음을 묻는 딸에게,

부활

—

고난과 신뢰

성서가 말하는 부활 신앙의 요체는 인간의 한계를 넘어
영원불멸의 상태에 다다르려는 욕망이 아니라
죽음과 고난의 현실 속에서도 살아계신 하나님과
그분의 통치를 굳게 신뢰하는 삶이다.

—김근주

"아빠는 죽은 자가 모두 마지막 날에 다시 살아나 심판을 받고 천국과 지옥에 가게 될 것이라는 '부활'의 가르침이 진짜 믿어지나요? 어떤 목사님은 부활 신앙이야말로 기독교의 핵심이며, 부활이 없다면 기독교가 존재할 이유가 없다고까지 단언했어요. 기독교를 믿지 않는 한 친구는 기독교인들은 죽음을 두려워하는 사람들의 심리를 이용해 '부활'이라는 거짓된 약속으로 사람들의 지갑을 털어가는 사기꾼들이라고까지 비난했어요. 그런가 하면 교회에서 부활을 믿는다는 '믿음 좋은' 그리스도인들의 민낯을 보면서, 저 사람이 가는 천국에는 가고 싶지 않다는 생각이 들기도 해요. 부활은 진짜 있나요? 부활이 있다는 사실을 어떻게 알 수 있죠? 우리가 교회에 다니는 이유는 부활하고 천국 가서 영생을 얻기 위해서인가요?"

인간이 처한 궁극적인 곤경은 언젠가 반드시 죽음을 직면해야 하는 유한한 존재이면서 동시에 죽음 너머의 영원을 상상할 수 있는 존재이기도 하다는 데 있어. 인간의 여러 특성 중 죽음을 극복하고 영원에 도달하기 위한 노력과 가장 밀접하게 관련된 것이 바로 종교야. 그중에서도 기독교는 가장 강력하게 죽음이 끝이 아니며 자신들이야말로 영원에 이르는 열쇠를 가지고 있다고 주장해왔지. 그리스도인들은 십자가에 달려 죽었던 예수가 죽음에서 부활했다는 성서의 증언이야말로 죽음이 극복되었다는 가장 확실한 증거라고 믿는단다. 이러한 사실을 확신하는 보수적인 그리스도인들은 예수의 부활 사건이야말로 기독교 신앙의 절정이며 부활이 없다면 기독교 신앙도 없다고 단언하지.

그러나 합리적인 현대인들이 죽은 자가 다시 살아났다는 부활 사건을 믿기란 결코 쉽지 않아. 실제로 '부활'이란 대부분의 신실한 그리스도인들에게 기독교 신앙이 가진 최고의 매력 가운데 하나지만, 기독교를 받아들이지 못하는 사람들에게는 그 신앙에 대한 가장 강력한 걸림돌이 되어왔지. 그래서 역사적으로 많은 그리스도인들이 이 걸림돌을 해결하기 위해 다양한 설명들을 시도해왔단다. 부활의 객관적 증거로 꼽히는 예수의 빈 무덤은 제자들이 그의 시체를 훔쳤기 때문이라고 주장하기도 했고, 예수가 부활했다는 믿음 자체가 제자들의 집단적인 환상에서 비롯되었다고 설명하기도 했어. 20세기에 가장 영향력 있는 신학자 중 한 분이었던 루돌프 불트만 Rudolf Karl Bultmann은 예수의 부활을 믿는 일이란 실제로 예수가 죽었다가 살아났다는 사실을 믿는 것이 아니라, 예수의 죽음으로부터 시작되었고 지금도 말씀의 선포 가운데서 끊임없이 일어나는 새로운 존재가 되는 일이라고 주장했지. 한마디로 부활은 역사 속 특정한 시공간 속에서 일어났던 객관적 사실이 아니라, 지금도 끊임없이 신자의 마음속에서 일어나는 주관적인 사건이라는 거야.

　　이 문제에 대해 살피던 중 유대교와 기독교의 부활 신앙이 어떻게 기원했고 어떤 의미를 지니는지 살핌으로써 설득력 있는 한 가지 대답을 제시하는 책과 만나게 되었단다. 구약성서를 전공한 학자로 현재 활발한 저술과 강연 활동을 펼치고 있는 김근주 교수의 『구약으로 읽는 부활 신앙』이라는 책이야. 보수적인 한국교회에서 대표적인 동성애 옹호 신학자로 낙인찍혀 온갖 비난을 받는 분이기도 하지. 저자는 놀랍게도 구약성서가 부활 신앙에 대해 그렇게 명료하게 다루고 있지 않으며, 심지어 구약성서에 나오는 위대한 신앙인들에게서는 부활 후의 삶에 대한 기대를 거의 찾아볼 수 없다고 말해. 그러면서 성서가 말하는 부활 신앙의 요체란 인간의 한계를 넘어 영원불멸의 상태에 다다르려는 욕망이 아니라, 죽음과 고난의 현실 속에서도 살아계신 하나님과 그분의 통치를 굳게 신뢰하는 삶이라고 강조하지. 이 흥미로운 생각을 한번 자세히 살펴보기로 하자.

　아마 너는 교회에서 죽음이 최초의 인간인 아담과 하와가 지은 원죄 때문에 모든 인간에게 임하게 되었다는 설교나 가르침을 많이 접해왔을 거야. 인간은 원래 영원한 생명을 누리도록 창조되었으며, 죽음은 인간의 운명에 대한 하나님의 첫 계획에는 포함되어 있지 않던 낯설고 부자연스러운 실재라는 것이지. 이는 오늘날 주류 기독교의 공식적인 가르침이라 할 수 있어. 그러나 저자는 구약성서가 죽음이란 모든 생명이 예외 없이 다다르는 자연스러운 종착점이자 하나님의 창조 질서의 일부라고 가르치고 있다고 주장해. 그리고 구약성서에서는 우리가 살아가는 세상이 단지 내세를 위한 준비 과정일 뿐이라거나 이 세상에서의 삶이 내세에 비해 열등한 것이라는 생각을 전혀 찾아볼 수 없다고 강조하지. 구약성서의 기조는 허무나 체념이 아니라 현세적 삶에 대한 강한 긍정이며, 구약성서 시대를 살아가던 사람들이 간절히 바라던 것은 죽음 후의 영생이나 부활이 아니라 현실 속에서 하나님의 복과 신실함을 누리며 살아가는 삶이었다는 거야.

　그렇다면 기독교의 트레이드마크처럼 여겨지는 부활 신앙은 대체 언제 어디에서 나온 것일까? 저자는 부활 신앙이 구약성서로부터 직접 기원한 것이 아니라, 구약성서 시대와 신약성서 시대 사이의 공백기인 BC 2세기경부터 예수 탄생기까지의 약 200여 년 사이에 새롭게 생겨난 변화라고 주장해. 이 변화에는 망국의 설움을 겪은 이스라엘 민족이 정복자들의 강제 이주 정책에 따라 낯선 땅에 끌려가 이주민으로 살아야 했던 경험이 결정적 역할을 했어. 망국과 이주의 경험은 그들에게 '좋은 소식'이 전쟁에서의 승리나 영토의 확장같이 '국가'나 '민족'이라는 거시적 차원이 아닌, '가족'이나 '개인'의 행복과 안녕 같은 미시적 차원에서 일어나는 일로 바뀌게 되었음을 의미했기 때문이야. 그리고 이렇게 개인의 운명에 대한 관심이 고조된 결과 기원전 2세기경부터 유대 문헌들에서 영혼불멸이나 육체 부활을 포함한 죽음 이후의 삶에 대한 다양한 언급들과 기대들이 생겨나기 시작했다는 거야.

김근주 교수는 이 시기에 부활 신앙이 생겨나게 된 또 다른 중요한 이유가 바로 그 문헌을 기록한 사람들이 당대에 겪고 있었던 극심한 고난과 박해 때문이라고 지적해. 낯선 땅에서 이주민으로 살아가던 이스라엘 사람들은 새로운 정복자인 페르시아 왕 고레스의 정책에 따라 다시 자신들의 고향인 팔레스타인 지역으로 돌아가 살 수 있게 되었어. 그런데 귀환한 유대인들이 살아가던 팔레스타인 지역은 얼마 못 가 헬라 제국 중 하나였던 셀류커스 왕조에 의해 다시 정복당하게 되었단다. 그리고 그 통치자인 안티오쿠스 에피파네스는 극단적인 헬레니즘화 정책을 추구하면서 이를 거부하는 유대 종교에 대한 무서운 박해를 자행하기 시작했지. 의롭고 신실한 사람들이 비참하게 죽어나가는 상황이 계속되면서 경건한 야훼 신앙인들은 그들이 당하는 고난의 의미를 신학적으로 설명하려고 시도하게 돼. 결국 그들은 의인의 죽음이 정의롭고 신실한 하나님께서 그들을 안전한 곳으로 데려가신 것이며, 마지막 날에 선인과 악인이 모두 부활하는 최후의 심판을 통해 그들을 영원한 생명으로 인도하신다는 결론에 도달하게 된단다. 우리가 알고 있는 기독교 부활 신앙은 극한 고난이라는 용광로 안에서 탄생했다는 거야.

김근주 교수는 이러한 내세 신앙 혹은 부활 신앙의 핵심이 하나님의 신실하심에 대한 견고한 신뢰라고 말해. 내세와 부활에 대한 신앙은 극심한 고난 속에서도 끝까지 하나님을 신뢰하고자 했던 의인들이 논리적으로 도달했던 결론이었기 때문이지. 저자는 부활 신앙이란 일차적인 의미에서 보자면 죽음 이후 육체가 다시 살아난다는 사실을 믿는 것이지만, 더 넓게 생각해본다면 어려운 상황 가운데서도 끝까지 정의롭고 자비로우신 하나님의 신실함을 확신하고 그 나라와 통치를 기대하는 것이라고 강조하고 있어. 실제로 구약성서 시대의 예레미야나 하박국 같은 예언자들은 내세나 천국에 대한 기대 없이 이생에서 하나님 나라의 이상인 공평과 정의를 추구하는 고난의 오솔길을 걸어갔단다.

저자에 따르면 이러한 부활 이해는 예수 그리스도의 오심과 함께 시작된 신약에서도 그대로 이어지고 있어. 예수께서 전하신 복음의 핵심은 미래에 있을 죽음으로부터의 부활

믿음을 묻는 딸에게,

이라기보다, 그의 오심과 함께 지금 이 땅에서 실현되기 시작한 하나님의 나라라는 거야. 고난으로 가득한 지금 이곳에서 하나님의 신실하심을 믿으며 살아가는 것이야말로 구약 신앙의 핵심이면서 동시에 예수 그리스도의 삶이며, 내세는 이 땅에서 살아 역사하시는 하나님을 신뢰하며 기꺼이 고난의 좁은 길을 살아가는 사람들을 위해 주어진 선물이라는 것이지. 이는 오늘날 우리가 천국과 내세의 본질을 찾아야 할 곳 역시 지금 그리고 여기서 하나님과 동행하는 현재의 삶 한가운데라는 것을 의미한단다.

그러나 동시대의 종교적 주류이자 예수의 가장 강력한 대적이었던 바리새인은, 부활이란 그들이 이 땅에서 누리는 삶이 그대로 하늘의 영역으로 옮겨지는 것이라고 믿었다고 해. 지배 질서에 의해 고난받던 자들의 소망을 담고 있던 부활 신앙이, 기득권을 누리는 자들을 영원의 영역에서까지 정당화해주는 수단으로 변질된 것이지. 내가 볼 때 오늘날 한국교회의 부활 신앙 역시 현실의 불의를 참는 대가로 내세의 평안을 약속해주는 '인민의 아편'이나, 이 세상에서 누리는 행복을 저세상으로까지 연장하려는 사람들의 탐욕을 만족시키는 '내세 보험'으로 소비되고 있는 것 같아. 예수의 가장 강력한 대적이었던 바리새인의 부활 이해가 예수를 주님으로 고백한다는 작금의 한국교회를 지배하는 아이러니한 상황이 되어버린 셈이지.

그렇다면 어떻게 하는 것이 이 땅 가운데서 참된 부활 신앙을 실천하며 살아가는 길일까? 일단 저자는 영생이나 부활까지를 포함해 하나님이 주시는 대가를 바라서가 아니라 그분 자체의 존재만으로 하나님을 섬겨야 한다는 것이야말로 성서의 일관된 가르침이라고 말해. 그리고 "이 땅에서 공평과 정의를 시행하고 압제받는 사람들을 도와주며, 도저히 내게 갚을 수 없는 사람들에게 선을 행하고 세상에서 가장 연약한 사람들을 돌보는 것"이 그 길이라고 대답하지. 한마디로 이 땅에서 공평과 정의를 행하며 이웃사랑을 실천하는 삶이야말로 부활 신앙의 요체라는 거야. 저자는 부활이란 바로 이렇게 주님만 바라보며 오늘 여기서 부활의 삶을 살아가는 연약한 사람들에게 주시는 하나님의 은혜요 선물이라고 결론 내리고 있단다.

사실 '공평과 정의가 지배하는 하나님 나라에 대한 열망과 실천이 빠진 부활 신앙'과 '박해받는 소수자나 약자에 대한 공감이나 연대가 결여된 영생에의 소망'은, 진실로 편안하고 달콤하며 심지어 위로로 가득하단다. 대가 없는 열매가 언제나 더 달콤한 법이니까. 그리고 나 역시 생의 마지막에 도달해 죽음을 앞에 두게 된다면 혹시 그 달콤한 이야기들에 귀가 솔깃해질지도 모르겠구나. 그러나 만약 지금 누군가 그런 '부활'과 '영생'이야말로 기독교 신앙의 핵심이요 존재 이유라고 주장한다면, 나는 그런 자들을 인간의 고난과 죽음을 미끼로 종교라는 아편을 팔아치우는 죽음의 장사치나 가짜 면죄부를 남발하는 거짓 선지자로 여기게 될 거야. 기억하렴. 고난 가운데도 그리스도를 따라 기꺼이 좁은 길로 걸어가는 제자의 삶이야말로 부활 신앙의 가장 강력한 증거라는 사실과, '지금 여기서(nunc et hinc)'의 삶과 희생과 실천을 말하지 않는 사람들이 가르치는 부활 신앙은 종교 장사치들이 파는 독이 든 불량품이라는 사실을.

도움 책

∾ 김근주, 『구약으로 읽는 부활 신앙』 SFC, 2021
　　성서가 말하는 부활 신앙의 요체는 영생에 다다르려는 욕망이 아니라, 죽음과 고난의 현실
　　속에서도 살아계신 하나님과 그분의 통치를 굳게 신뢰하는 삶이라고 강조한다.

∾ 조지 래드, 『나는 부활을 믿는다』 이진영 옮김, 생명의 말씀사, 1985
　　부활에 대한 전통적이고 복음적인 기독교의 생각을 잘 살펴볼 수 있는 책. 저자는 부활이야
　　말로 기독교 신앙의 핵심이며 부활이 없다면 기독교도 없다고 주장한다.

∾ 서공석 외, 『내가 믿는 부활, 삶의 신학 콜로키움』 대화문화아카데미, 2012
　　가톨릭과 개신교를 대표하는 13명의 진보적 신학자가 고백하는 '부활'에 대한 생각을 담은
　　책. 부활에 대한 다양한 생각들을 살펴볼 수 있다.

∾ 게르트 타이센·아네테 메르츠, 『역사적 예수』 손성현 옮김, 다산글방, 2010
　　현대 역사적 예수 연구의 성과를 집약해 소개하고 있는 방대한 책. 부활 신앙의 역사와 현재
　　의 쟁점을 간략하게 살필 수 있는 유용한 장을 포함하고 있다.

환대
–
절대적 환대와 환대의 법들

절대적 환대는 필요하나 불가능하다.

–자크 데리다

"아빠가 처음에 성서를 이해하는 기본적인 원리로 '사랑의 법'과 '환대의 해석학'을 언급했던 것이 기억나요. 대체 환대는 무엇이죠? 왜 그리스도인들이 낯선 사람에게조차 환대를 베풀어야 하나요? 교회에서는 이슬람과 동성애가 우리의 신앙에 대한 가장 큰 위협이라고 가르치는데, 그들도 환대의 대상에 포함되어야 하는 것인가요? 우리가 베풀어야 하는 환대의 범위는 어디까지인가요?"

처음에 언급했듯 환대는 내가 현재 성서를 읽고 실천하면서 가장 관심을 가지고 살피는 주제야. 이 주제와 관련해 내게 결정적인 영향을 준 책을 한 권 고르라면 레티 러셀의 『공정한 환대』를 첫 번째로 꼽아야겠지만, 그 책 전후로도 많은 저자들이 이 주제에 대한 생각을 다듬어가는 데 도움을 주었지. 오늘은 앞에서 소개했던 러셀 외에 '환대'의 정신을 탐구하는 길에서 만난 네 분의 스승이 준 가르침에 대해 나눠보고 싶구나.

처음으로 언급하고 싶은 스승은 철학자 임마누엘 칸트 Immanuel Kant야. 전쟁을 혐오했던 칸트는 인간이 이성의 능력으로 평화를 성취할 수 있다고 믿었다고 해. 그래서 『영원한 평화를 위하여』라는 작은 책에서 국가들 사이에 영구적인 평화가 자리 잡을 수 있는 구체적 조건을 제시하고 있어. 그는 주권을 가진 독립 국가들이 상호 간의 신뢰를 바탕으로 국제연맹을 창설하고, 해당 국가의 국민들에게 개별 국가의 시민권을 넘어서는 '세계시민권'이라는 권리를 부여해야 한다고 주장했어. 그리고 이러한 생각을 현실화하기 위해 모든 사람이 자유롭게 국경을 넘어 교류할 수 있는 보편적인 권리를 보장하는 '세계시민법'이 필요하다고 강조했지. 칸트는 이를 위해 국내적으로는 시민이 스스로 정책을 결정하는 공화주의 정치 체제가, 국제적으로는 '환대'의 정신에 입각한 국가 간의 자유로운 교류가 필수적이라고 역설했어. 여기서 중요한 것은 칸트가 자신의 영구적 평화를 위한 구상의 근거로 삼은 것이 바로 '보편적인 환대'였다는 거야. 영원한 평화는 모든 인간이 보편적 권리와 존엄성을 지닌 세계 시민이라는 생각이 확산되고, 이러한 세계 시민들이 보편적 환대의 원리에 근거해 서로 자유롭게 교류하게 될 때 비로소 성취될 수 있다는 것이지.

사실 '영원한 평화'를 이루기 위해 칸트가 제시한 이 해법은, 자아란 확고한 자기동일성을 지닌 이성적이고 도덕적인 주체라는 생각에 바탕을 둔 지극히 근대적인 기획이라고 할 수 있어. 그런데 20세기의 사상가들은 인간의 자아란 '관심'이나 '욕망'에 의해 쉽게 오염되거나 무의식 또는 사회경제적 토대에 의해 규정되는 불완전한 실체라고 주장해. 결정적으로 인류가 20세기 전반기에 경험한 참혹한 세계 대전과 전대미문의 홀로코스트는 인간의 합리성을 전제로 하는 근대적 낙관론에 심각한 타격을 가했지. 따라서 오늘날에는 근대적 인간관에 근거한 칸트의 생각이 현실 속에서 제대로 실현되기 힘든 관념적 이상에 불과한 것 아니냐는 의구심을 가지는 사람도 많단다. 그럼에도 나는 '보편적 환대'를 바탕으로 한 '영구적 평화'라는 그의 꿈은 단순히 이상으로 던져버리기엔 너무도 고귀한 가치라고 확신한단다.

두 번째로 언급하고 싶은 스승은 프랑스 철학자 자크 데리다Jacques Derrida야. 보수적인 기독교인들에게는 '해체주의'나 '포스트모더니즘' 같은 무시무시한 이름으로 절대적 진리를 해체하는 데 앞장섰던 프랑스에서 온 사탄쯤으로 취급받는 철학자이지. 그런데 그런 데리다가 그의 책 『환대에 대하여』에서 강조하는 것은 놀랍게도 '절대적' 혹은 '무조건적 환대'야. 이 책에서 데리다는 무조건적 환대를 "타자가 이름이나 신분을 밝히기 전에, 타자가 법적 주체이기 전에, 그리고 가족이나 민족, 국가의 이름으로 불릴 수 없는 경우에라도 그들을 물음이나 조건 없이 맞이하고 내 집을 개방하며 우리 안에 머물 장소를 허락하는 것"으로 정의하고 있어.

데리다는 이러한 환대가 인간의 범주를 벗어나 "당신이 남자든 여자든, 당신이 어떤 종류의 인간이든, 짐승이든, 신이든, 오라 들어오라"고 말하는 데까지 확장되어야 한다고 강조해. 심지어 그는 이 환대가 주인이 주체가 되어 방문자를 초대하는 '초대의 환대'를 넘어 예상치 않은 방문과 기대치 않은 방문자를 아무 조건 없이 맞이하고 환영하는 '방문의 환대'일 뿐 아니라, 더 나아가 도래자에게 "마치 구원자나 해방자라도 되듯 (……) 나를 점령하고 내 안에 자리를 잡으라"고 말하는 급진적 상태로까지 나아가야 한다고 주장한단다.

데리다는 '환대'의 궁극적 의미는 바로 이러한 무조건적 환대이며, 우리에게 필요한 환대 역시 무조건적 환대여야 한다고 주장해. 그런데 문제는 우리가 현실 속에서 이러한 절대적 환대에 도달하는 것이 불가능하다는 거야. 그 이유는 개인이나 공동체가 구체적 현실 속에서 아무리 훌륭한 '환대들'을 베풀거나 특수한 '환대의 법들'을 제정한다 해도 그들이 환대의 모든 시간적 공간적 차원을 포괄하지도, 도래했거나 도래할 모든 타자를 모두 포용하지도 못하기 때문이지. 데리다의 사상에서 기표가 언제나 궁극적인 기의에 도달하지 못한 채 끊임없이 '미끄러지듯', 개별적 환대의 '행위들'이나 '법들' 역시 절대적 환대에 도달하지 못한 채 언제나 그 완성이 '연기' 또는 '지연'되기를 반복한다는 거야. "절대적 환대는 필요하지만 불가능하다"라는 데리다의 유명한 말이야말로 이 딜레마를 잘 표현하고 있단다.

　이는 환대에 대해 중요한 시사점을 던져준다. 바로 환대가 "걷고 있는 인간에게 건네진" 질문이자 과제라는 뜻이지. 환대란 끊임없이 경계를 넘는 사람, 성숙을 향한 모험의 길을 가고 있는 사람, '나 혹은 우리 공동체의 환대'라는 자신의 껍질을 계속 탈피해가는 사람의 것이야. 그것이 종교 경전의 문자든 전통적 도덕의 가르침이든 특정 이데올로기의 도그마든, 특정한 시공간에 자리했던 환대의 '사례들'이나 '법들'을 절대화한 채 멈춰버린 사람들은 결국 한때 유용했던 '환대'의 화석으로 지금 자신들의 눈앞에 도래한 타자를 구별 짓고 배제하며 억압하는 '환대의 적'이 될 수밖에 없단다. 고아와 과부와 나그네를 환대하라고 가르치는 성서를 자신들의 경전으로 삼고 있는 그리스도인들이 오늘날 성소수자나 무슬림이나 외국인 노동자에 대해 보이는 극렬한 적대감이 그 예라고 할 수 있겠지.

그렇다면 데리다의 말대로 환대란 "해체의 전형 또는 이름"이 될 수밖에 없어. 우리가 절대적인 환대에 근접하기 위해서는 '개별적 환대들'이나 '구체적인 환대의 법들'을 지속적으로 해체해가야 하기 때문이지. 그러나 데리다는 이 '해체'의 목적이 파괴 자체가 아니라 정의에 대한 관심이며, 따라서 최후까지 해체될 수 없는 것이 있다면 그것은 바로 '정의'라고 강조하고 있단다. 이는 데리다가 말하는 '환대'의 궁극적 지향이 결국 정의를 향하고 있다는 놀라운 결론으로 이어지지. 바꿔 말하자면 정의는 오직 절대적 환대를 통해서만 실현될 수 있다는 거야.

나는 이러한 데리다의 '절대적 환대'가 성서에 나오는 하나님의 사랑을 가장 명확하게 설명한 개념 중 하나라고 생각해. 사실 그리스도인들이 하나님의 한 분으로 고백하는 예수가 인간이 되어 이 세상에 오신 성육신 사건 자체가, 신과 인간, 유한과 무한의 경계까지도 뛰어넘는 하나님의 절대적 환대를 보여주는 극적인 예라고 할 수 있어. 그리고 이렇게 성육신하신 예수는 동시대인들이 그어놓은 정결과 부정, 포용과 배제의 경계선을 철저히 무너뜨리며, 가는 곳마다 소외되고 배제된 자들에게 절대적 환대를 베푸는 파격적 행보를 보였지. 나는 예수 그리스도의 성육신과 삶이 보여주는 이 절대적 환대야말로 하나님이 먼저 인간에게 베풀었고 다시 인간에게 요구하는 사랑과 정의의 핵심이라고 생각하고 있단다.

환대에 대해 독특하면서도 탁월한 통찰을 보여준 세 번째 스승은 서울대학교와 프랑스 사회과학고등연구원에서 공부하고 독립연구자로 활동하고 있는 김현경 선생이었어. 그는 『사람, 장소, 환대』라는 책에서 사회학자 어빙 고프만을 인용해 '사람됨'이란 일상에서의 상호작용을 통해 끊임없이 재생산되는 '수행적 개념'이라고 주장해. 이는 한 개인은 오직 공동체의 다른 성원들이 그를 사람으로 '인정'하고, 그래서 특정 사회 안에서 자신의 '자리'를 가지게 된 개인이 안정적으로 사람의 역할을 '수행'할 수 있을 때만 진정으로 사람이 될 수 있다는 의미야. 우리가 사람이 된 것은 사람으로 태어났기 때문이 아니라, 타인들이 나에게 사람을 '연기'할 수 있도록 인정하고 자리를 마련해주었기 때문이라는 거지.

저자는 전통 사회를 지배하는 가치가 '명예'라고 말해. 명예란 개인의 정체성이 고정된 신분이나 제도화된 역할이라는 '구조'에 의해 규정되고, 그 구조 내에서 가질 자격이 있는 자에게만 주어지는 것이 그 특징이지. 예를 들어 전통 사회에서 어린 양반이 나이 든 노예를 하대하는 것은 전혀 문제가 되지 않아. 왜냐하면 신분제 사회라는 구조에서 노예라는 신분에는 지켜야 할 명예 자체가 존재하지 않기 때문이지. 그러나 '상호작용 질서'의 층위에서 만인이 평등하다는 전제하에 형성된 현대사회에서는, 성별이나 직위나 나이 같은 자격에 상관없이 모든 사람에게 주어지는 '존엄'이 핵심적인 가치로 등

믿음을 묻는 딸에게,

장했어. 저자는 이렇게 모든 사람의 평등을 전제로 한 '존엄'을 기초로 삼는 현대사회가 성립되기 위해서는 모든 개인에게 어떠한 전제나 유보도 없이, 그리고 어떤 경우에도 빼앗길 염려 없이 편안하게 사람을 '연기'할 수 있는 '자리'를 마련해주는 '절대적 환대'가 필수적이라고 주장한단다.

흥미롭게도 데리다와 김현경의 '절대적 환대'는 그 의미가 조금 달라. 앞서 살펴보았듯 데리다가 주장하는 절대적 환대는 타자에게 조건 없이 사적 공간을 완전히 개방하는 것까지를 포함하는 것처럼 보여. 만약 절대적 환대가 나와 타자, 나와 공동체 사이에 존재하는 모든 벽을 완전히 허물 때만 가능하다면 환대란 쉽게 사생활 침해를 정당화하고 전체주의를 옹호하는 구실로 악용될 수 있겠지. 그러나 김현경은 환대란 절대적 타자에게 "무조건적이고 무차별적으로 사회 안에 빼앗길 수 없는 자리/장소를 마련해주는 일"일 뿐, 그것이 반드시 "사적 공간의 무조건적이고 완전한 개방"까지 요구하지는 않는다고 말하고 있어. '사적 공간'과 '공동체의 자리'를 분리해 절대적 환대를 공동체의 자리에 국한하는 것을 통해 "필요하나 불가능하다"는 절대적 환대의 딜레마를 해결하고 있는 셈이지.

이러한 저자의 생각은 사람이 '하나님의 형상(*imago dei*)'이라는 신학적 가르침을 바탕으로 사람됨이 '본질적 개념'이라고 강력하게 주장하지만, 현실 속에서는 자신들이 사회의 특정 집단에 대해 '배제'와 '조건부 인정'의 권리를 가져야 한다고 강변하는 일부 근본주의 그리스도인들의 입장과 흥미롭게 대비되는 것으로 느껴지는구나. 사람됨이 인간 공동체가 누적된 행위를 통해 만들어가는 '수행적 가치'라고 강조하는 저자는 '절대적 환대'를 주장하는데, 사람됨이 하나님이 천부적으로 부여한 '본질적 가치'라고 주장하는 종교인들이 '조건부 환대'의 권리를 요구하다니! 아이러니도 이런 아이러니가 없지? 인간이 하나님의 형상임을 믿는 그리스도인인 내게 누군가 반드시 두 견해 중에 하나를 선택하라고 요구한다면, 나는 단호히 그리고 아무런 주저 없이 '실천적으로 올바른' 전자 쪽을 택하게 될 것 같구나.

마지막으로 소개하고 싶은 스승은 유대계 프랑스 철학자인 에마뉘엘 레비나스Emmanuel Levinas야. 레비나스는 타인이 완전한 초월성과 무한성을 지녔기에 어떤 체계로도 환원이 불가능한 '얼굴'로 나타나며, 우리가 이러한 타인의 얼굴을 온전히 수용할 때만 진정한 의미의 주체성인 '환대로서의 주체성'을 얻을 수 있다고 말해. 이는 타인이 나의 정체성을 위협하는 침입자가 아니라 폐쇄된 자아로부터의 초월을 가능하게 해주는 해방자이며, 진정한 주체성은 오직 타인에 대한 책임을 수용하는 존재가 될 때만 완성될 수 있다는 의미라고 할 수 있어. 내가 진정한 나로 완성되기 위해서는 '타인과 구별되는 나'라는 근대적 자각이 필요한 것이 아니라, 타인을 온전히 수용하고 타인에 대한 전적인 책임을 받아들이는 책임적 존재가 되어야 한다는 놀라운 역설이 그 가르침의 핵심에 놓여 있어.

레비나스는 이러한 '얼굴'이 타인의 무력함과 주인됨을 동시에 계시한다고 말해. 고아와 과부, 가난한 사람과 나그네의 얼굴을 한 타인은 그 연약함과 무력함 때문에 역설적으로 우리에게 정의와 책임을 요구하는 윤리적 명령으로 나타난다는 거야. 심지어 레비나스는 타인이 나와 동등한 존재가 아니라 내 위에 위치한 절대자이며, 일견 무력해 보이는 타인의 얼굴은 "살인하지 말라"는 계명을 넘어 타인을 위해 내 목숨을 대가로 치르는 것까지 요구하고 있다고 주장한단다. 그리고 인간들 사이의 진정한 평등은 이러한 타인과의 비대칭성, 불균등성을 기초로 해서만 가능하다고 강조하지.

가톨릭 신자였던 레비나스는 이러한 타인에 대한 무제한적 책임이야말로 성서 전체를 관통하는 중심적인 주제라고 주장해. 그뿐 아니라 우리가 타인을 위해 존재할 때만 우리는 그 타인을 통해 무한과 초월을 마주할 수 있다고 강조하지. 환원 불가능한 타인의 얼굴을 전적으로 수용하고 그 무조건적인 윤리적 요구를 온전히 받아들이는 것이야말로 참된 내가 되는 유일한 방법일 뿐 아니라, 무한하신 초월자 하나님을 만날 수 있는 유일한 길이기도 하다는 거야. 무력한 이웃의 얼굴은 하나님의 얼굴을 마주할 수 있는 유일한 통로이며, 그 이웃에 대한 무조건적 환대와 사랑이야말로 하나님을 사랑하는 참된 길이라는 것이지.

레비나스의 생각을 접하면서 환대는 자신들이 규정한 동일성의 체계 안에 포섭된 사람들에게만 주어져야 하고, 무한을 증언하기 위해서라면 타자의 얼굴을 짓밟는 데도 주저함이 없어야 참된 신앙인이라고 믿어 의심치 않는 일부 근본주의 기독교인들의 얼굴이 떠올랐단다. 나는 21세기의 다원화된 세상을 살아가는 그리스도인들이 행해야 할 가장 중요한 실천은 타인의 얼굴을 정직하게 대면하고, 그들이 증언하는 낯선 무한과 용감하게 마주하면서, 끊임없이 자신을 변화시키는 나그네의 삶이라고 생각해. 자신의 것을 수호하겠다는 일념으로 타인과의 만남과 변화를 거부하는 교회는 결국 타인뿐 아니라 초월자와도 단절된 채, 가학적인 혐오를 일삼는 소종파로 전락할 수밖에 없지 않을까?

도움 책

∾ 임마누엘 칸트, 『영원한 평화를 위하여』, 오진석 옮김, 도서출판 b, 2011
칸트는 국가들 간의 영원한 평화를 이루기 위해 주권 국가들이 국제연맹을 창설하고 그 국민들에게 보편적 환대의 정신을 바탕으로 하는 세계시민권을 부여해야 한다고 역설한다.

∾ 자크 데리다, 『환대에 대하여』, 남수인 옮김, 동문선, 2004
환대의 필요성과 불가능성, 무조건적 환대와 계약적 환대, 환대의 절대적 '법'과 환대의 '법들' 같은 주제에 대한 논의를 통해 환대가 가진 다층적이고 복합적인 의미를 밝힌다.

∾ 김현경, 『사람, 장소, 환대』, 문학과지성사, 2015
저자는 현대사회가 성립되기 위해서는 모든 타자에게 사회 안에서 사람을 '연기'할 수 있는 자리를 마련해주는 절대적 환대가 필수적이라고 역설한다.

∾ 에마뉘엘 레비나스, 『윤리와 무한』, 김동규 옮김, 도서출판 100, 2020 ; 강영안, 『타인의 얼굴』, 문학과지성사, 2005
쉽지 않은 레비나스의 사상을 본인의 목소리로 직접 들을 수 있는 대담집과 국내 철학자에 의해 쓰인 레비나스 소개서. 타인에 대한 책임을 수용하는 것이야말로 진정한 주체성에 도달하는 방법일 뿐 아니라, 하나님과 만날 수 있는 유일한 길이라고 역설한다.

타종교

—

종교 간 대화와 종교 내 대화

한 사람의 종교적 정체성은 불변하는 고정적 실체가 아니라,
타자와의 상호관계 속에서 지속적으로 변화하는
'구성적 상대성'을 그 본질로 가지며,
이러한 '구성적 상대성'과 이를 기반으로 하는
'다종교적 체험'이야말로 우리의 종교적 자아가 구성되는
핵심적인 방식이다.

—정재현

"요즘엔 좀 뜸하지만 예전에는 기독교인들이 불상이나 장승을 부수는 일이 가끔 있었잖아요. 그리고 코로나 전에는 해외에서 일부 기독교인들이 다른 종교의 사원 주위를 도는 땅 밟기 기도라는 것을 하면서 '무너져라'라고 외쳤다가 현지인들의 항의를 받는 일들도 있었고요. 한국 기독교인들이 다른 종교와 종교인들에 대해 보여주는 적개심과 폭력성이 정말 싫어져요. 과연 훌륭한 기독교인이 되기 위해서는 다른 종교와 종교인을 반드시 부정하고 거부해야 하는 것인가요? 기독교와 다른 종교가 평화롭게 지낼 수는 없을까요?"

사실 한국 기독교인들의 배타성과 공격성은 어제오늘의 일이 아니야. 잊을 만하면 등장하는 훼불 사건이나 사찰 방화가 그 대표적인 예라 할 수 있지. 2018년의 한 연구에 따르면 1993년부터 2017년까지 24년간 기독교인들에 의해 저질러진 훼불 사건은 언론에 보도된 것만도 총 407건에 달한다고 해. 너도 알다시피 한국 기독교의 주류는 성서가 일점일획의 틀림도 없는 하나님의 말씀이기에 문자 그대로 실천해야 한다고 믿을 정도로 근본주의 성향이 강해. 그리고 구원의 길은 오직 보수 정통 기독교에만 존재하며 타종교나 기독교 밖의 세상을 통해서는 신의 목소리나 구원의 방편을 전혀 발견할 수 없다고 확신하는 배타주의로 무장하고 있지. 사실은 이런 기독교인들이 전체 인구의 20%에 가까운 한국에서 종교 평화가 유지되고 있는 것 자체가 기적에 가까운 일이라고 할 수 있을 정도야. 이에 대해 한국 기독교계의 원로인 손봉호 교수는 한국이 모범적인 종교 간 평화를 유지할 수 있는 이유는 한국 불교가 포용적이고 점잖아서라고 말한 적도 있단다.

과연 어떻게 해야 한국 기독교의 배타성과 공격성이 사라질 수 있을까. 일단 타종교에 대한 공격적 태도야말로 진리를 수호하는 유일한 방식이라고 여기는 근본주의 기독교인들은 논외로 한다면, 여러 종교가 경쟁하면서 공존하는 우리나라에서 이 문제의 해결을 위해 종교 간의 만남이나 대화가 중요하다는 것은 분명해. 그래서 종교 간의 관계를 다루는 기독교 신학의 한 분과인 종교신학(Theology of religions)의 역할에 주목할 필요가 있지. 그런데 종교신학의 다양한 목소리 중에서 특히 내 관심을 끌었던 것은, 종교 간의 평화를 이루기 위해서는 종교 '간' 관계에 앞서 종교 '내' 관계에 먼저 주목해야 한다는 주장이었어. '나와 다른 남'을 대면하기 전에 먼저 '내 안의 남'을 살피는 것이 중요하다는 거야. 연세대학교 신학대학에서 종교철학을 가르치는 정재현 교수가 『종교신학 강의』에서 펼치는 생각이란다.

　이 문제를 이해하기 위해서는 먼저 종교신학의 뼈대인 '종교 간 관계'의 기본 방식에 대해 이해할 필요가 있어. 기독교의 관점에서 이 관계는 크게 보자면 배타주의·포괄주의·다원주의로 나뉜단다. '배타주의(exclusivism)'는 나와 '다른' 것은 '틀린' 것이고, 진리와 거짓을 가르는 기준은 '나와 같은가?'이며, '옳은' 종교인 그리스도교로 개종하는 것만이 구원을 얻을 수 있는 유일한 길이라고 주장하는 입장이지. 지금까지 네가 당연하다고 여겨왔을 바로 그 관점이야. '포괄주의(inclusivism)'는 다른 종교들은 틀린 것이 아니라 그리스도교보다 열등한 단계에 머물러 있기에 무조건 배제하기보다 설득과 선교를 통해 그리스도교와 같은 높은 단계로 끌어올려야 할 대상이라고 강조하지. 한마디로 기독교가 모든 종교의 최종 목표이며 다른 종교들은 궁극적으로는 기독교로 수렴되어야 할 하등종교라는 것이지. 이는 칼 라너Karl Rahner와 제2 바티

칸 공의회 이후 현대 가톨릭교회의 공식적 입장이란다. '다원주의(pluralism)'는 그리스도교는 구원에 이르는 여러 길 중 하나일 뿐이며 결코 구원의 유일한 길이 아니라고 주장하지. 우리가 주변에서 흔히 들을 수 있는 "모든 종교는 결국 같다"는 주장이 바로 이 이해를 담고 있다고 할 수 있어.

그러나 정재현 교수는 이러한 세 태도 모두가, 한 이름의 종교나 종교인은 다른 종교와 확연하게 구별되는 단 하나의 '자기동일적 정체성'을 지니고 있다는 잘못된 전제에 근거하고 있다고 주장해. 사실 조금만 생각해보면 특정 종교의 '자기동일적 정체성'이라는 생각이 얼마나 잘못된 것인지 쉽게 알 수 있어. '기독교'라는 이름을 공유하는 한국의 보수 개신교인과 아르메니아의 정교회, 에티오피아의 콥틱 교회, 아프리카의 독립교회 신자가 단 하나의 종교적 정체성을 갖고 있다는 의미이니 말이지. 사실 한국의 보수 개신교인은 에티오피아의 콥틱 교회 교인보다 한국의 불교 신자와 더 유사한 종교적 정체성을 가지고 있을 거야.

정재현 교수는 종교신학자인 레이문도 파니카Raimundo Panikkar를 인용해 한 사람의 종교적 정체성은 기존의 종교신학이 전제하듯 불변하는 고정적 실체가 아니라, 타자와의 상호관계 속에서 지속적으로 변화하는 '구성적 상대성'을 그 본질로 가진다고 주장해. 그리고 이러한 '구성적 상대성'과 이를 기반으로 하는 '다종교적 체험'이야말로 우리의 종교적 자아가 구성되는 핵심적인 방식이라고 강조하지. 다원주의 사회에서 모든 종교의 정체성은 다른 종교와 영향을 주고받으며 끊임없이 재구성되는 유동적 실체라는 거야. 그렇다면 타종교와의 만남 이전에 우선 내 종교가 어떤 성분으로 구성되었는지 정확히 살피는 것이 우선이 되어야겠지?

정재현 교수는 한 인터뷰에서 한국 기독교인의 문화적 심성을 살펴보면 무교(巫教)가 50% 정도를 차지하며, 유교가 30%, 기독교적 요소는 20% 정도에 불과하다고 지적하고 있어. 그러면서 앞으로 이를 30%, 40%, 50%로 어떻게 확대해나갈지 고민해야 하는데 '기독교인'이라는 명칭으로 이런 현실을 가리면서 20% 기독교인이 스스로를 100% 기독교인으로 생각하는 것이 문제라고 말해. 설득력 있는 설명이지? 독일에서 철학과 신학을 전공한 김용규 선생은 『신』이라는 책에서 기독교가 헬레니즘과는 전혀 상관없는 헤브라이즘 문명의 유산이라는 우리의 선입견은 틀린 생각이라고 지적해. 그리고 기독교의 '신' 개념이 히브리인들의 '종교적 신 개념'과 그리스인들의 '존재론적 신 개념'을 종합하며 발전해왔다고 주장해. 놀랍게도 서구 기독교 역시 그 시작부터 헬레니즘과 헤브라이즘이라는 거대한 두 문명의 혼종이었다는 것이지.

나는 다른 종교나 철학적 사조에 전혀 오염되지 않은 순수한 기독교란 사실상 2000년 기독교 역사에 단 한 번도 존재한 적이 없는 허상에 불과하며, 한국 기독교 역시 '구성적 상대성'에 따른 '다종교적 체험' 또는 '문화적 혼합'의 결과인 '혼종'임을 솔직히 인정해야 한다고 생각해. 그리고 설령 특정 시대 특정 지역에서 유일한 진리나 정통으로 여겨진 교리나 믿음의 체계가 존재했다 하더라도 그것이 결코 시대와 장소를 초월한 보편성과 적실성을 지닐 수 없다는 사실 역시 인정해야 한다고 믿어. 이는 자신들의 도그마와 종교문화야말로 순수하고 보편적인 진리 그 자체라는 한국 기독교 주류의 믿음이야말로 '정통'이라는 이름의 가장 위험한 우상을 숭배하는 행위일 수 있다는 뜻이지.

선교신학자 레슬리 뉴비긴은 하나님이 인간을 만나러 오시는 곳은 인간의 모든 종교적 윤리적 업적의 꼭대기가 아니고 밑바닥이기에 그리스도인들 역시 다른 종교를 믿는 신자를 만나기 위해 자신을 비우고 내려놓아야만 한다고 주장해. 그리고 그 결과 자신에게 심대한 변화가 일어날 수 있다는 위험을 인식해야 하며, 동시에 성령께서 대화를 이용해서 상대방이 예수를 믿도록 회심시킬 수 있다는 것을 믿고 또 기대할 수 있다고 강조하지. 종교신학자 레이문도 파니카는 한 걸음 더 나아가 종교 간 대화에 참여하는 사람들은 대화의 과정에서 '개종'의 가능성에 진지하게 직면할 수 있어야 한다고까지 말해. 개종 불가라는 틀에 묶인 채 자신이 소속된 종교에 맹목적으로 투신하는 것이야말로, 새롭게 다가오시는 하나님을 만나는 것이 아니라 자신의 믿음을 믿는 행위에 불과할 수 있다는 것이지. 정재현 교수는 개종이라는 단어가 불편하다면 대화의 상대인 이웃 종교가 내 신앙에 선한 영향을 끼칠 수 있다는 '가종(加宗)'이라는 단어로 바꿔도 상관없다고 말해. 핵심은 진실한 그리스도인들이라면 이웃 종교를 통해 말을 걸어오시는 하나님의 음성까지도 진지하게 귀 기울일 준비가 되어 있어야 한다는 거야.

오늘날 한국 기독교인들은 자신들만이 유일한 진리의 담지자라고 확신하면서, 타종교인이나 소수자들에 대한 정죄와 배척을 통해서만 신앙의 순수성과 열정을 입증할 수 있다고 여기는 것 같아. 그러나 우리가 '하나님'이 아니라 '하나님에 대한 내 믿음'을 믿는 상태에서 벗어나기를 원한다면 먼저 내 안에 거하며 내 일부가 된 '타자'를 발견하고, 우리의 신앙이 구성적 상대성에 따른 다종교적 체험의 결과인 '혼종'임을 정직하게 인정하며, 하나님께 더 가까이 다가가기 위해서라면 변화의 위험까지 기꺼이 감수할 수 있는 용기와 믿음을 가지는 것이 필요하겠지? 이런 태도야말로 다종교 시대에 그리스도의 제자로 살아가는 그리스도인의 바른 태도가 아닐까?

도움 책

∝ 정재현, 『종교신학 강의』 비아, 2017

∝ 레이문도 파니카, 『종교 간의 대화』 김승철 옮김, 서광사, 1992
앞의 책은 종교신학의 중요한 지류와 대표적 학자를 소개하는 종교신학 입문서이며, 뒤의 책은 종교신학의 대표적 학자가 쓴 종교 간의 대화 지침서이다. 기독교인들의 종교적 정체성이 '구성적 상대성'에 따른 '다종교적 체험'을 통해 구성되었으며, 종교 간의 대화에서는 '개종'이라는 도전에까지 직면할 수 있어야 한다고 주장한다.

∝ 폴 니터, 『종교신학입문』 유정원 옮김, 분도출판사, 2007

∝ 한인철, 『종교다원주의 유형』 한국기독교연구소, 2005
앞의 책은 종교신학의 지형도와 논점을 깔끔하게 요약한 소개서이며, 뒤의 책은 종교다원주의 신학의 다양한 유형과 그 대표자들을 소개하는 안내서다. 종교신학에 관심을 가지고 있다면 읽어볼 만하다.

∝ 레슬리 뉴비긴, 『오픈 시크릿』 홍병룡 옮김, 복있는사람, 2012

∝ 레슬리 뉴비긴, 『변화하는 세상 변함없는 복음』 홍병룡 옮김, 아바서원, 2016
20세기를 대표하는 선교사요 선교신학자였던 저자의 선교관이 잘 집약된 책들. 삼위일체 하나님이 선교의 주체이시며, 교회는 삶과 증언으로 겸손히 하나님의 선교에 동참해야 한다고 강조한다.

믿음을 묻는 딸에게,

이슬람

–

종교에서 삶으로

다문화 시대를 맞이하여 우리 주변에서 흔히 접할 수 있게 된
무슬림들은 잠재적인 테러리스트이거나
이슬람 성전(聖戰)을 수행하는 전사가 아니라,
경제적 이유로 한국을 찾아 열심히 일상을 살아가는
우리의 이웃들이다.

–김동문

"어느 지역에 이슬람 사원이 들어온다는 말을 듣고 지역 주민들이 그 앞
에서 돼지고기 파티를 했다는 뉴스를 접했어요. 그리고 몇몇 목사님들
이나 기독교인 친구들은 이슬람 종교 연합체가 세계를 이슬람화하기
위해 치밀한 계획을 세우고 하나하나 실행 중이며, 우리나라에도 노동
자로 위장한 이슬람 선교사들이 많이 들어와 있으니 경계해야 한다고
말하고 다녀요. 그런데 사실 아빠와 함께 여러 나라를 다니면서 내가
만나본 무슬림들은 다 우리처럼 친절하고 은혜에 감사할 줄 아는 평범
한 사람들이었어요. 한편으로 최근에 근본주의 무슬림들이 권력을 잡은
아프가니스탄 같은 나라에서 벌어지는 인권탄압을 보면 이슬람은 정말
무서운 종교 같기도 해요. 대체 진실은 무엇인가요? 한국에 들어온 무슬
림들은 정말 이슬람 선교사들인가요? 우리는 무슬림에 대해 어떤 태도
를 가져야 할까요?"

오늘날 정통 보수를 자처하는 한국 주류 기독교의 정체를 가장 잘 보여주는 단어가 하나 있다면 그것은 바로 반(反) 일 거야. 반공(反共), 反이슬람, 反동성애 등 온갖 종류의 反들을 양산하면서 그 反이야말로 자신들의 가장 중요한 정체성이자 사명이라고 공공연히 주장하는 것이 한국 기독교의 가장 큰 특징이 되어버렸지. 과거에 한국교회가 휘두르던 전가의 보도가 '반공'이었다면, 지금은 반이슬람과 반동성애를 통한 혐오의 조장이야말로 이들의 가장 강력한 무기가 되었지. 그중에서도 동성애 문제는 소위 교계와 일반 시민들 사이에 의견이 극명하게 갈리는 데 반해, 이슬람에 대한 반감은 기독교계나 일반인들을 가릴 것 없이 광범위하게 퍼져 있는 것 같아.

반이슬람 정서를 조장하는 기독교인들은 서구 편향적인 언론보도나 자신들의 제한적인 경험을 일반화시켜 '우리'와 다른 '그들'에 대한 나쁜 선입견을 강화하는 일을 반복하는 경향이 있어. 그들은 무슬림들이 우리와 달리 종교에 메어 있는 광신적인 사람들이라고 생각하고, 무슬림 여성들은 모두 시키면 부르카를 쓰고 남성들의 폭력에 시달리면서 살고 있다고 상상하지. 물론 세상 모든 종교적·이데올로기적 근본주의자들처럼 이슬람 세계 중에는 그런 극단적 근본주의를 신봉하는 무슬림들이 엄연히 존재한다는 사실을 부정할 수는 없어. 최근 아프간에서 권력을 잡고 여성에 대한 야만적이고 반문명적인 압제를 자행하고 있는 탈레반이 그 대표적인 예라 할 수 있겠지.

믿음을 묻는 딸에게,

그러나 세상에는 우리가 상상 속에서 만들어낸 단 한 종류의 정형화된 '무슬림'이 아니라, 다양한 문화 아래서 각기 다른 생각과 종교성을 지닌 수많은 '무슬림들'이 살아가고 있단다. 우리는 흔히 무슬림이라고 하면 아랍 지역에 거주하면서 쿠란의 언어인 아랍어를 구사하는 사람들을 떠올리게 돼. 그러나 사실 아랍 지역에 거주하는 무슬림들은 전체 무슬림 인구의 25% 정도밖에 되지 않아. 그리고 세계에서 가장 많은 무슬림 인구가 거주하는 여섯 개 국가인 인도네시아, 파키스탄, 인도, 방글라데시, 터키, 이란 중 아랍어를 공용어로 사용하거나 아랍어와 비슷한 언어를 사용하는 나라는 한 곳도 없지. 이렇게 무슬림의 현실은 우리가 머릿속에서 만들어낸 선입견과 많이 달라.

　　의료봉사를 위해 처음 이슬람 국가를 방문했을 때 가장 놀랐던 것은 새벽부터 하루 다섯 차례씩 때만 되면 쩌렁쩌렁 울리는 아잔[19]과 그 소리를 들을 때마다 하던 일을 모두 멈추고 기도하러 나가는 현지 봉사자들의 모습이었어. 이런 일을 처음으로 목격한 나는 그 모습이야말로 그저 습관적으로 교회만 들락날락하는 기독교인들이 배워야 할 진실한 믿음의 모범이라고 생각했지. 그리고 그렇게 무서운 종교성을 가진 무슬

---

19) 아잔은 이슬람교도들에게 공중예배와 1일 5회의 기도 시간을 알리는 소리를 의미한다.

림들이 서구 세계와 우리나라를 이슬람화하기 위해 치밀한 계획을 세우고 실행 중이라는 몇몇 사람들의 경고가 타당하다고 느껴지기도 했어.

그런데 우리 봉사팀을 돕는 현지 교민들에게 그 이야기를 꺼냈더니 의외의 대답이 돌아왔어. 기도 시간을 빼먹지 않을 정도로 신실해 보이던 봉사자들의 대부분이 평소에는 그렇게 기도를 열심히 하지 않는다는 거야. 심지어 그 봉사자들과 오랫동안 관계를 맺어왔음에도 그들이 평소 종교에 대해 진지하게 대화하는 것을 들어본 적이 없었다는 말까지 덧붙였지. 그래서 왜 그들이 우리 앞에서 유난히 열심히 기도했을지 물으니 아마 외국인, 그것도 기독교인이라고 생각되는 외국인인 우리를 의식하고 자신들의 종교성을 의도적으로 보여주었을 가능성이 컸을 것이라는 대답이 돌아왔지. 그러면서 현지의 이맘[20]들은 요즘 젊은이들이 너무 서구 문물에 물들어 종교에 통 관심을 가지지 않는다고 근심하더라는 말까지 덧붙였어.

국가의 공식 명칭에 '이슬람 공화국'이 들어가는 서남아시아의 한 나라에 봉사하러 갔을 때 겪었던 놀라운 일도 기억에 떠오르는구나. 힘든 일정을 마치고 저녁 식사를 하기 위해 차로 이동하던 도중 흥미로운 광경을 목격하게 되었지.

---

20) 이맘(Imam)은 아랍어로 '이끄는 자' 내지는 '지도자'라는 뜻으로 이슬람의 성직자를 일컫는 호칭이다.

1,200만의 인구가 살고 있는 거대한 도시의 퇴근길 러시아워의 꽉 막힌 도로 한가운데서 웬 여성들이 차 문을 두드리며 호객행위 비슷한 행동을 하는 것이 눈에 띄었던 거야. 그런데 자세히 보니 그들은 분명히 여장을 했지만 놀랍게도 남자처럼 보였어.

깜짝 놀라 같은 차에 동승했던 현지 교민에게 물으니 그 사람들이 여장남자가 맞다고 확인해주었어. 그리고 대부분 여성의 성 정체성을 가진 그들은 결혼식이나 출산 파티 같은 곳에서 노래와 춤으로 흥을 돋우는 일을 하면서 자신들끼리 공동체를 이루어 살고 있다고 알려주었지. 어떻게 이슬람 국가에서 그런 일이 있을 수 있냐고 물으니, 현지인들에게 그들의 존재는 오래전부터 전통문화의 하나로 받아들여지고 있다는 대답이 돌아왔어. 이슬람 율법에 따라 명예살인까지 벌어지는 나라에서 목도하리라고는 생각도 못 해본 놀라운 장면이었지. 나는 이런 일들을 겪어가면서 이슬람에 대해 가졌던 왜곡된 고정관념을 시정할 필요를 느끼게 되었단다. 그리고 아랍권 이슬람 국가에서 오랫동안 생활했던 김동문 선교사가 쓴 여러 책을 통해 큰 도움을 받을 수 있었단다.

김동문 선교사는 이슬람 세계는 결코 하나의 범주로 묶어 표현할 수 없을 정도로 다양할 뿐 아니라 특별한 중심이나 구심점도 존재하지 않는다고 말해. 그리고 이슬람 국가들은 세계를 이슬람화하기 위한 거룩한 목적으로 똘똘 뭉친 종교 연합체가 아니라, 그들 상호 간에도 다양한 이해관계로 뒤엉켜 있는 '국가' 즉 자국과 국민의 이익을 위한 조직일 뿐이라고 강조하지. 아무리 거룩한 종교적 수사들로 치장된 경우에도 그들이 실제로 추구하는 것은 정치권력과 경제적 이권이며, 역사적으로나 현실적으로 이슬람이든 기독교든 종교의 이름으로 벌어진 모든 전쟁은 실상을 들여다보면 거의 모두가 정치 경제적 이해관계가 원인이라는 거야.

또한 김 선교사는 이슬람 국가에서 무슬림이 된다는 것은 개인의 선택에 의해 특정한 신념이나 신앙의 체계를 가지게 된 것이 아니라, 무슬림 부모의 자녀로 태어나 무슬림이라는 '사회적·법적 신분'을 얻게 되었다는 사실을 의미한다고 말해. 무슬림들의 종교적 정체성은 우리가 흔히 생각하는 것처럼 개인의 결단에 의해 후천적으로 형성된 것이 아니라, 태어날 때부터 정해져 있는 출생 신분에 가깝다는 것이지. 이는 이슬람 세계 안에 종교 행위에 무관심한 명목상의 무슬림에서부터 정기적으로 사원에 출석하는 종교적인 무슬림에 이르기까지, 그리고 보수적이고 반서구적인 기성세대 무슬림에서 상대적으로 서구화된 자유롭고 유연한 젊은 세대 무슬림까지, 다양한 '무슬림들'이 있을 뿐 하나의 범주로 고정할 수 있는 전형적인 '무슬림'이란 존재하지 않는다는 의미야. 김 선교사는 오늘날 종교에 적극적인 '종교적' 무슬림은 특히 젊은 층일수록 점차 감소하는 추세에 있으며, 다수의 무슬림들은 종교가 아닌 삶에 더 많은 관심을 기울이고 있기에 종교로서의 이슬람을 잘 몰라도 무슬림을 이해하는 데 큰 지장이 없는 경우가 많다고 강조한단다. 실제로 내가 봉사 현장에서 만나 대화했던 이슬람권 국가의 젊은이들은 대부분 종교가 아닌 자신들의 삶과 미래에 관심을 가지고 있었어.

그럼에도 너도 알다시피 한국교회 내에는 이슬람에 대한 증오나 혐오를 조장하는 가짜뉴스 혹은 괴담이 만연하고 있단다. 지난번에 너도 받았다던 "I국 선교사 XX명이 모두 체포되어 처형될 위기에 처했다" 혹은 "이슬람 동맹회의(?)에서 202X년까지 한국을 이슬람화하기로 결정하고 활발하게 활동 중이다" 같은 카톡 메시지가 대표적인 예지. 흥미로운 것은 거의 동일한 내용의 카톡이 나라 이름과 상황만 조금씩 바뀐 채 주기적으로 반복되고 있다는 거야. 모두가 명확한 근거나 출처를 밝히지 않은 거짓 정보를 이용한 교묘한 짜깁기로 사실을 왜곡하고 있는 가짜뉴스라는 의미지.

김 선교사는 다문화 시대를 맞이하여 우리 주변에서 흔히 접할 수 있게 된 무슬림들은 잠재적인 테러리스트이거나 이슬람 성전(聖戰)을 수행하는 전사가 아니라, 70년대 우리 부모 세대가 중동의 건설 현장에서 땀 흘렸듯 경제적 이유로 한국을 찾아 열심히 일상을 살아가는 우리의 이웃일 뿐이라고 강조해. 그리고 십자가에 달리고 부활하심으로 사람들을 가르고 차별하는 모든 장벽을 허무신 예수 그리스도를

'주(Dominus)'요 '구주(Salvator)'로 고백하는 그리스도인이라면, 그들을 '종교'라는 틀에서가 아니라 머나먼 타국에 찾아와 전혀 다른 문화와 환경에 적응하기 위해 분투하는 통합적인 '인격체'로 이해하면서 포용하고 환대해야 한다고 강조하지.

신약성서 요한복음에 따르면 예수는 "내가 곧 길이요 진리요 생명"[21]이라고 선언할 뿐 아니라 삼위일체 하나님 중 한 분이신 성령을 "진리의 영"[22]으로 지칭하고 있단다. 그리고 그를 따르던 제자들에게 "진리가 너희를 자유케 하리라"[23]고 선포하지. 그렇다면 그리스도인은 사람을 모든 편견으로부터 해방시키는 '진리'의 눈을 가지고 세상을 바라보는 사람이 되어야 하는 것이 당연하겠지? 그러나 오늘날 가장 심각한 편견에 사로잡히고 가장 허황된 음모론을 맹신하며 가장 많은 가짜뉴스를 퍼뜨리는 집단은, 바로 진리의 영이신 성령과 진리 자체인 예수를 하나님으로 믿는다는 기독교인들인 것처럼 보여. 기독교가 카톡교가 되어버렸다는 뜻있는 기독교인들의 개탄이 너무도 공감되는 요즘이야. 참 안타까운 일이지.

김동문 선교사는 이슬람을 이해하기 위한 두 가지 키워드로 사람은 다 똑같다는 '인지상정(人之常情)'과 입장 바꿔 생각하자는 '역지사지(易地思之)'를 제시하고 있어. 나 역시 그

---

21) 신약성서 요한복음 14장 6절
22) 신약성서 요한복음 14장 17절
23) 신약성서 요한복음 8장 32절

생각에 동의한단다. 나는 네가 왜곡된 정보와 부정적 편견을 바탕으로 나와 다른 타자를 차별하고 혐오할 권리를 종교의 이름으로 당연시하는 가짜 신앙인이 되지 않기를 바라. 그리고 인지상정과 역지사지의 마음을 품고 그들을 내 이웃으로 환대하는 예수의 제자로 살아가기를 소망한단다. 네가 나와 함께 의료봉사에 참여해 수많은 현지인에게 받았던 따뜻한 환대를 떠올린다면 충분히 그럴 수 있으리라고 믿어!

도움 책

∝ 김동문, 『중동 선교의 시작과 끝을 묻다』 대장간, 2017
∝ 김동문, 『우리는 왜 이슬람을 혐오할까』 선율, 2017
∝ 김동문, 『기독교와 이슬람 그 만남이 빚어낸 공존과 갈등』 세창출판사, 2011
　　이슬람 사회에서 무슬림들과 함께 살아오면서 그들에 대한 편견과 혐오에 맞서 진실을 알리기 위해 노력하는 김동문 선교사의 책들.
∝ 정수일, 『이슬람 문명』 창비, 2002
　　문명 교류사의 대가인 저자가 이슬람을 단순히 종교라는 차원을 넘어 1400여 년의 전통을 이어온 범세계적 문명이라는 관점에서 소개하는 이슬람 문명 입문서.
∝ 데이비드 개리슨, 『이슬람 세계에 부는 바람』 이천 옮김, 앗쌀람, 2022
　　오늘날 이슬람 세계에서 일어나고 있는 무슬림의 기독교 개종을 다룬다.

유교적 칼빈주의

–

목사의 딸

성경은 여성성에 대해 한 가지 모델을 제시하지 않는다.
우리를 규정하는 것은 '역할'이 아니라 '인격'이며,
'성경적 여성'이 되는 유일한 길은
'용맹하게' 자신의 일을 하는 것이다.
–레이첼 헬드 에반스

"여성이 대통령도 되고 총리도 되는 21세기 대한민국에서 교회에서만
큼은 오직 남성만이 목사나 장로가 될 수 있다는 사실이 놀라워요. 한 목
사님께 질문했더니 "여자는 교회에서 잠잠하라"라는 성서 구절을 인용
하며 여성이 목사가 될 수 없다는 것이 성서의 가르침이라는 대답이 돌
아왔어요. 하나님이 남녀를 동등하게 짓지 않았냐고 반문했더니 "남성
과 여성은 존재론적으로는 평등하나 기능적으로 여성이 남성에게 종속
되는 것이 창조의 질서"라는 설명이 돌아왔지요. 과연 이런 어설픈 설
명으로 여성을 차별하는 것이 하나님의 뜻인가요?"

믿음을 묻는 딸에게,

2016년 박혜란 목사가 쓴 『목사의 딸』이라는 책이 한국 교회에 적지 않은 파문을 일으켰어. 저자의 아버지가 한국을 대표하는 보수적인 신학자로 신구약 주석전집을 집필하는 기념비적인 업적을 남긴 박윤선 목사님이었기 때문이었지. 저자는 박윤선 목사님이 저자의 어머니인 전처와 그 자녀들에게 지극히 권위적이고 폭력적이었을 뿐 아니라, '하나님의 종'인 자신의 목회와 학문적 성취를 위해 가족들의 일방적 희생을 강요했다고 폭로해. 그리고 전처가 불의의 사고로 세상을 떠난 후로는 그 소생들을 한때 고아원에 맡기려고 하는 등 방치하다시피 했으며, 자신 때문에 큰 상처를 받은 채 고통스러운 인생을 살아가던 전처의 자녀들이 먼저 내민 화해의 손길조차 끝끝내 뿌리친 채 생을 마쳤다고 주장하지. 이 책에 따르면 박윤선 목사님의 행태는 도저히 '하나님의 일'을 위한 거룩한 희생이라는 말로 용납될 수준으로 볼 수 없을 정도였어.

저자는 그런 아버지가 전처의 자식들 중 유일하게 좋아해 준 자녀가 자신이었기에 다른 형제들이 모두 아버지를 싫어했을 때도 쉽게 그들에게 동의하지 못했다고 말해. 그러나 1970년 미국으로 이민을 떠나 음악과 신학을 공부하게 되면서 그곳에서 만난 스승들은 저자의 생각을 완전히 바꾸어놓게 된단다. 자신의 아버지보다 훨씬 훌륭한 학문적 성취를 이룬 스승들이 학문이나 목회를 빌미로 가족을 등한히 하기는커녕 아내와 자식을 지극히 사랑하며 가정을 소중히 여기는 모습을 목격한 것이지. 그리고 그 스승들이 성서를 하나님 말씀으로 소중히 여기는 복음주의자들이면서도, 구체적인 본문을 현실에 적용할 때는 완고한 문자주의 대신 융통성과 포용성을 발휘하는 모습도 저자에게 깊은 인상을 남겼다고 해. 그뿐 아니라 그 스승들은 저자가 겪어온 인생의 수많은 질곡을 진심으로 아파하고 구체적으로 돕는 관심과 사랑을 보여 주기도 했어.

저자는 이 스승들과의 만남을 통해 비로소 아버지의 인격과 신앙체계에 도사리고 있는 문제를 발견하고 아버지에 대한 형제들의 원망을 온전히 이해하게 되었다고 말해. 저자는 아버지 박윤선 목사님이 유교적인 남존여비 사상의 영향으로 여성을 열등한 존재로 취급했으며, 충효사상을 내면화해 신앙이란 죽을 힘을 다해 주군인 하나님과 교회를 섬기는 일이라고 생각했던 분이었다고 말해. 그리고 평생 죄를 책망하시는 하나님만 알아온 나머지 뿌리 깊은 죄책감에 짓눌려 있으면서도, 한편으로는 하나님의 종이라는 이름으로 포장된 극도의 자기중심성으로 가득한 이율배반적인 인간이었다고 주장하지. 박혜란 목사는 이러한 아버지의 인성과 신앙이 영혼과 육신의 잘못된 이중구조라는 신학적 뿌리와 유교적 가부장체제라는 문화적 뿌리로부터 나온 것이었다고 평가해. 박윤선 목사님에게 영적인 일은 신학교에서 가르치는 일, 설교하는 일, 주석을 쓰는 일이었고, 아내와 자녀를 사랑하거나 가족을 돌보는 일은 등한히 여겨도 되는 육신의 일이었다는 거

믿음을 묻는 딸에게,

야. 저자는 이렇게 남존여비와 충효사상이라는 유교의 가르침에 잘못된 영-육 이원론에 기초한 복음의 메시지를 혼합시킨 박윤선 목사님의 신앙을 '유교적 칼빈주의'라고 규정해. 그리고 이 책에서 아직도 박윤선 목사님과 유교적 칼빈주의의 그늘에서 벗어나지 못하고 권위적 율법적 행태를 보이는 한국교회에 대해서도 날카로운 비판의 목소리를 쏟아내지.

당연히 이 책이 나오자마자 많은 논란이 일어났단다. 그리고 그 대부분은 목회자들에게서 나온 거친 비판이었어. 그들은 자신들이 아는 박윤선 목사님은 그럴 분도 아니고 그랬을 리도 없다고 주장하면서, 저자를 사소한 섭섭함을 침소봉대하여 아버지의 명예를 흠집 내는 배은망덕한 자식으로 몰아갔단다. 그러나 이 책과 저자에 관련된 여러 논란들을 살펴보던 나는 한국교회 목사들 중에 군사부일체(君師父一體)라는 유교적 충정으로 '스승'을 지키려는 '제자'들은 넘쳐나지만, 한 '영혼'을 이해하고 보듬고 위로하려는 성서가 가르치는 '목자'를 찾아보기는 힘들다는 사실을 깨달았어. 그리고 이 소동에서 보인 대다수 한국교회 목회자들의 태도야말로 저자가 말한 '유교적 칼빈주의'가 무엇인지 적나라하게 보여주고 있다는 느낌을 받았지. 내 눈에는 그 목사님들이 성서의 가르침대로 양 떼를 위해 기꺼이 목숨을 버리는 선한 목자가 아닌, 스승의 그림자도 밟지 않으려고 벌벌 떠는 유교적 칼빈주의의 유생(儒生)들로 보였단다.

사실 이 책의 백미는 명성과 존경을 한 몸에 받는 아버지로부터 철저히 버림받았고 그 아버지를 닮은 '무섭고 정죄하는 하나님'만 알았기에 불행한 삶을 살아갈 수밖에 없었던 저자가, 미국에서 하나님의 은혜로 음악과 신학을 공부하게 되면서 어떻게 성서가 증거하는 '사랑의 하나님'을 만나 참 자유를 누리게 되었는지를 그린 이 책의 후반부라고 생각해. 이 하나님을 만나지 못했다면 아마 저자는 평생 음지에서 회한을 품은 채 아버지를 원망하고 이 원망을 정죄하시는 하나님을 두려워하는, 원망과 죄책감의 악순환에 빠져 살았을 거야. 그렇다면 이 책은 단순히 한 개인의 불행한 가족사에 대한 고백이나 폭로를 넘어, 평생 아버지의 사랑을 찾아 몸부림쳤던 딸을 따뜻하게 품어주신 '진짜 아버지'인 하나님의 놀라운 사랑의 기록으로 읽혀야 한다고 생각해. 나는 한국의 목사들이 이 부분을 읽어낼 수 있는지야말로 '참된 목자'와 '칼빈주의 유생'을 가르는 리트머스 시험지가 될 수 있다고 여기고 있단다.

너도 느끼겠지만 성서야말로 신앙과 행위의 유일한 법칙이자 규범이라는 '성경주의'는 한국 기독교인들의 절대다수를 차지하는 보수적인 복음주의자들의 정체성을 규정짓는 가장 중요한 요소란다. 그러나 이 책의 첫 부분에서도 지적했듯 보수 기독교인들이 그렇게나 강조하는 '성경적 기독교'란 사실 수천 년 전 고대 근동이라는 사회문화적 맥락에서 기록된 성서의 내용 중 제왕적 가부장제나 남존여비 사상처럼 '유교적 칼빈주의'라는 자신들의 독특한 기독교 하부 문화를 정당화해주는 일부 구절에 대해서만 선별적으로 작동하는 '선택적 문자주의'에 불과한 경우가 많아. 내가 볼 때 이 논란에 참여했던 많은 목사님들 역시 이러한 선택적 문자주의의 함정에 빠져 있는 경우가 대부분이었단다.

저명한 기독교 작가인 레이첼 헬드 에반스Rachel Held Evans는 어느 날 "성서적 여성의 삶을 문자 그대로 살아보면 어떨까"라는 생각을 실천에 옮기기로 결심하고 성서에서 여성과 관련된 모든 구절을 찾아 1년간 이를 가감 없이 문자적으로 지켜나갔어. 그리고 이 과정에서 자신이 겪어야 했던 여러 에피소드와 깨달음을 『성경적 여성으로 살아 본 1년』이라는 책에 담았단다. 이 흥미로운 프로젝트를 마친 후 저자가 내린 결론은 성서가 여성성에 대한 특정한 모델을 제시하지 않고 있다는 거야. 성서에서 칭송받는 여인들은 20세기 미국 바이블 벨트의 복음주의자들이나 한국의 근본주의 그리스도인들이 만들어낸 '성경적 여성'의 이상에 순종한 것이 아니라, 자신이 처한 문화와 상황에 상관없이 자신의 삶을 용기 있게 살았던 사람들이었다는 것이지. 저자는 많은 남성 그리스도인이 여성성을 엄격한 역할 목록으로 만들려고 하지만, 우리를 규정하는 것은 '역할'이 아니라 '인격'이라고 말해. 그리고 '성경적 여성'이 되는 유일한 길은 '용맹하게' 자신의 일을 하는 것이라고 결론 내린단다.

나는 에반스가 말한 대로 성서는 모두 구체적인 문화적 상황에서 기록된 것이기에 특정한 '편견'을 지니고 있다는 것을 인정해야 한다고 생각해. 그리고 성서를 과학적 객관성을 지닌 문서로 접근하는 근대적 읽기의 방식은, 사랑이라는 편견으로 본문에 접근하는 창조적인 해석으로 대체되어야 한다는 에반스의 생각에도 깊이 공감한단다. 나는 한국의 기독교인들이 성서의 문자에 사로잡혀 여성을 포함한 타자를 차별하고 정죄하는 몰두하는 대신, 사랑이라는 위대한 편견으로 성서를 바라보고 이웃을 대하는 예수의 제자로 살아가게 되기를 바라. 너희들이 이끌어갈 미래에는 한국교회에 혐오와 정죄 대신 '사랑'이라는 편견에 사로잡힌 사람들로 넘치기를 기대해볼게.

도움 책

∞ 박혜란, 『목사의 딸』 아가페북스, 2014
　한국 보수신학의 거두 박윤선 목사의 딸이 쓴 자전적 회고록. 아버지와 한국교회 주류의 신앙을 유교적 가부장주의에 복음의 메시지를 뒤섞은 '유교적 칼빈주의'로 규정한다.

∞ 레이첼 헬드 에반스, 『성경적 여성으로 살아 본 1년』 임혜진 옮김, 비아토르, 2017
　저자는 한 인간을 규정하는 것이 역할이 아니라 인격이며, '성경적 여성'이 되는 길은 성서 위인들의 이류 버전이 되는 것이 아니라 '용맹하게' 자신의 일을 하는 것이라고 결론 내린다.

∞ 강호숙, 『여성이 만난 하나님』 넥서스CROSS, 2016
　보수 교단의 여교역자와 여신학자로 살아온 저자가 한국교회의 성차별적 현실을 고발하고, 신학의 여정에서 만나왔던 '여성의 편이신' 하나님을 증언한다. '유교적 칼빈주의'가 어떻게 작동하는지 들어볼 수 있다.

코로나
–
팬데믹과 교회

공공신학은 불편부당한 중립성을 고수하기보다
가난한 자와 억눌린 자를 편애하시는
하나님의 사랑을 따라감으로써
하나님의 관심이 어디 있는지 보여주어야 한다.

−최경환

"코로나 팬데믹을 지나면서 많은 친구들이 교회를 비난했어요. 다른 종
교들을 포함해 모든 사람이 공동체의 안전을 위해 불편을 감수하고 있
는데, 대체 유독 왜 교회만 굳이 모여야겠다고 고집을 피우냐는 거예요.
자신들만을 생각하는 이기적인 집단이 아니냐는 거죠. 한편으로 교회
에서는 팬데믹으로 예배에 참석하지 않는 교인들에게 믿음이 없다고
비난의 화살을 퍼부었지요. 그리스도인들은 어떤 경우에도 예배를 멈춰
서는 안 되며, 코로나야말로 그 사람의 믿음을 시험하는 시험대라는 거
죠. 대체 누구 말이 맞는 건가요? 기독교인들이 코로나를 통해 얻어야
할 교훈은 무엇이었을까요?"

지난 2020년부터 시작된 코로나바이러스 감염증의 전세계적 대유행은 한국교회에도 엄청난 영향을 끼쳤어. 가장 큰 변화는 나처럼 평생 동안 주일이면 교회에서 보내는 것을 당연하게 여기던 수많은 그리스도인이 처음으로 비대면 예배를 경험하게 된 거야. 이는 "모여서 돈 내고 집 짓는" 것을 끝없이 되풀이하던 한국교회의 전통적인 부흥 공식에서 가장 중요한 고리 하나가 완전히 끊어지게 된 것을 의미해. 이로 인해 주일성수와 십일조를 금과옥조로 여겨왔던 한국교회와 교인들은 엄청난 신학적 실천적 혼란에 사로잡혔고, 특히 한국교회의 절대다수를 차지하고 있는 소형교회들의 경우 존립 자체를 걱정해야 하는 상황으로까지 내몰리게 되었지. 또한 지역사회와 분리되어 게토처럼 존재해왔던 한국교회는 코로나 팬데믹으로 인해 그 속살을 세상에 노출하기 시작했고, 세상은 그들이 생각했던 것 이상으로 비상식적이고 이기적인 교회의 민낯에 큰 충격을 받았어. 그 결과 교회는 반문명적이고 반사회적인 집단으로 낙인찍힌 채 지금까지도 집중적인 비난의 대상이 되고 있어.

코로나 사태를 통해 한국교회가 받은 가장 큰 타격은 교회의 '무능'이 세상 가운데 적나라하게 드러났다는 거야. 한국의 주류 교회는 '과학'의 권고를 무시하며 오프라인 예배 및 소모임 금지가 종교탄압이라고 소리를 높였지만, 바로 그 '과학'의 예언대로 교회발 대유행이 전국을 강타하는 일이 자주 발생했지. 그리고 전지전능하신 하나님이 위기에 처한 교회와 예배를 보호하고 치유의 권능을 보여줄 것이라는 기대와 달리 평소 그렇게도 풍성히 넘친다던 '치유의 은사'[24]는 코로나 감염증에 관한 한 교회 안팎에서 철저하게 자취를 감추고 말았어. 또한 코로나로 인해 세상이 받는 고통은 철저히 외면한 채 세상이 알아듣거나 공감하기 힘든 종교 언어의 권위를 빌어 자신들의 권리를 주장하는 데만 급급했을 뿐 아니라, 스스로가 혐오의 대상으로 전락해버린 와중에도 타자에 대한 혐오를 통해 위기를 타개해온 못된 습성만큼은 끝내 버리지 못했지. 결국 한국의 주류 교회는 방역에도, 치료에도, 사랑에도, 소통에도 철저히 실패한 채 오직 '남 탓'으로 일관하는 무능하고 이기적인 집단이라는 사실만 만천하에 드러내고 말았어. 이런 현실은 한국교회에 커다란 숙제 몇 가지를 남겼단다.

첫 번째는 '과학과 기독교의 관계'에 대해 재고해야 한다는 숙제야. 아까도 말했듯 이번 사태를 통해 교회는 '구원의 주체'가 아니라 '감염의 매개', '치유의 공간'이 아닌 '감염의 온상'이라는 사실이 만천하에 드러나고 말았어. 이보다 더 중요한 것은 교회를 그렇게 '부정한 장소'로 규정하고 심지어 한국의 그리스도인들이 그렇게 중시하던 주일성수마저도 포기하게 만든 주체가 '과학'이었다는 사실이야. 코로나 시대에 '정

---

24) 하나님께서 선물로 주시는 기적적으로 질병을 치료하는 능력을 일컫는 말.

결'과 '부정'을 가르고 복과 화를 예언하는 우리 시대의 제사장과 예언자는 나 같은 의료인을 포함한 과학자들이었으며, 신학은 과학이 판단하고 결정한 내용을 단순히 전달하거나 어설픈 논리로 과학의 결정에 항의하는 데 급급했을 뿐 결코 이 사태의 주체가 될 능력이 없다는 사실을 만천하에 보여주었지. 팬데믹이 정점에서 내려오자 몇몇 목회자들이 '믿음'을 강조하며 '신학'과 '성직자'의 주도권을 되살리려고 안간힘을 쓰고 있지만, 그들의 목소리는 철저히 교회 내부의 불안을 무마하기 위한 내부용일 뿐이야. 너도 알다시피 교회의 울타리 바깥에서 그런 류의 담론들은 그냥 비웃음의 대상일 뿐이란다.

과연 코로나 사태 이후로도 불완전한 과학이 더 '높은' 지식인 신학의 교도권 아래 놓여야 한다거나 과학적 지식은 성서의 문자에 의해 통제되어야 한다고 강변하는, 일부 근본주의적인 목회자나 유사 과학 단체의 어설픈 논리가 이전처럼 성도들에게 쉽게 먹힐까? '위험으로부터의 보호'나 '기적적인 치유'야말로 참된 믿음의 증거라고 주장하며, 과학의 힘이 닿지 않는 곳에서 틈새의 하나님을 열심히 찾아다니던 일부 사역자들은 이번 사태에 대해 어떤 대답을 내놓게 될까? 나는 21세기 한국에서 과학과 기독교의 관계가 실제로 어떠한지를 그리스도인들 앞에 적나라하게 보여준 이 상징적인 사태 이후로는, 일부 목회자들이 '기독교와 과학의 관계'에 대해 강단에서 외치던 어설픈 논리에 대한 성도들의 반응이 이전과 같지는 않으리라고 생각해.

두 번째는 '신앙의 공공성'에 관한 문제야. 지금까지 한국의 많은 보수적 그리스도인들은 우리나라가 마치 기독교 국가인 것처럼 말하고 행동해왔으며, 자신들이 누리는 신앙과 예배와 표현의 자유가 어떠한 사회적 간섭이나 동의도 필요하지 않은 당연하고 천부적인 권리인 것처럼 여겨왔지. 그러나 이번 코로나바이러스 사태는 대한민국 인구의 20% 미만에 불과한 그리스도인들이 그렇게 당연하게 여겨온 '종교와 예배의 자유'란, 인구의 80%를 차지하는 비그리스도인들을 포함한 우리 사회의 모든 성원이 소중히 여기기로 동의한 자유와 평등, 인권 같은 민주공화국의 이념이 우리에게 부여한 사회적이고 후천적인 권리라는 사실을 생생하게 알려주었지. 그리고 '정통'이나 '이단' 같은 구분은 기독교라는 종교의 내부에서나 통용되는 범주일 뿐이며, 공공의 이익에 무관심하거나 심지어 그 이익을 해치면서까지 자신이 부여받은 자유를 조직의 유지나 신념의 실천을 위해서만 배타적으로 사용하는 종교집단은, 그들이 가진 내부적인 신앙적 정통성과 상관없이 결국 사회의 손가락질 대상이 될 수밖에 없다는 사실도 잘 보여주었어.

과연 이 사태가 자신들이야말로 세상에서 가장 중요한 집단이기에 당연히 특권을 누려야 마땅하다는 생각으로 무장해 있는 한국교회로 하여금 자신들의 게토에서 나와 '사회적 책임'이나 '공공성'과 같은 주제에 대한 건강한 논의를 시작하게 만들까? 솔직히 너도 보다시피 전혀 희망적이지 않아. 오히려 수많은 목회자가 '종교탄압'이라는 프레임으로 정권을 희생양 삼아 교회의 영향력을 되살리기 위해 애썼지. 그리고 그런 시도들이 최소한 교회 내에서는 어느 정도 효과를 거두었던 것도 사실이야. 그러나 목회자들이 신앙과 사회의 관계에 대해 무슨 말을 하든, 그들의 언어가 교회를 한 발짝만 벗어나면 허공에 흩어지는 먼지에 불과하다는 사실은 분명해. 그래도 최근 민주주의와 다원주의라는 정치 사회적 조건 속에서 교회가 자신의 정체성을 지키면서 공적 삶에 어떻게 건설적이고 비판적으로 참여해 영향을 끼칠 수 있는지 탐구하는 공공신학에 대한 논의가 조금씩이나마 일어나는 것은 그나마 희망적인 징조라고 생각해.

세 번째 숙제는 성소수자 문제에 대한 교회의 태도에 대해 재고해보는 것이었어. 너도 알다시피 우리나라의 그리스도인들은 자신들이 죄인이라는 말을 입에 달고 살지만, 실제로는 스스로를 대한민국과 하나님 나라의 정식 시민권을 가진 흠 없고 무죄한 주류 시민으로 여기며 살아왔어. 그런데 그들에게 이번에 단지 '그리스도인'이라는 사실만으로, 예배에 다녀왔다는 이유만으로, 국가와 일반 시민들로부터 질병이나 전파하는 혐오의 대상으로 낙인찍히는 경험은 큰 충격이었을 거야. 너도 느끼다시피 세상 사람들은 코로나를 퍼뜨리든 말든 이웃에게 피해를 주든 말든 자신의 모임만큼은 예외로 인정받아야 한다고 고집하는 기독교인들이야말로 혐오스러운 죄인들의 무리라고 정죄하기 시작했거든. 교회의 이기적이고 독선적인 민낯을 간파한 것이지. 항상 주류의 입장에서 소수자를 핍박할 권리를 당연시하던 그들이 자신들이야말로 언제든 핍박의 대상이 될 수 있음을 깨닫게 된 것은 경악스러운 경험이었을 거야.

나는 코로나 사태가 평소 그들이 이 땅의 소수자와 약자들에게 지금까지 자행해왔던 정죄와 혐오를 그대로 돌려받는 경험을 통해 한 번쯤 자신을 돌아볼 좋은 기회였다고 생각해. 그들이 기껏 몇 달 동안 그것도 이웃에게 질병의 전파를 막기 위한 지극히 성서적이고 타당한 사유로 겪고 있는 제한이 그렇게 힘들고 화가 난다면, 그리스도인들을 주축으로 하는 타자들에게 평생 정체성을 거부당하면서 살아야 하는 성소수자들의 심정은 어떨지 한번 느껴볼 기회였다는 거지. 물론 너도 알다시피 교회의 반응은 자신들이 당하는 어려움을 신앙과 진리를 지키려다 당하는 거룩한 고난으로 둔갑시켰어. 그리고 타자를 핍박하는 것으로 자신들의 신앙을 지키겠다는 더 굳은 결심으로 이어지고 말았지. 그 결과는 최근 교파와 교단을 가리지 않고 번지고 있는 반동성애 광풍이야. 애초에 자기 의(義)와 교만에 빠져 있는 이 땅의 주류 기독교인들에게 그런 성찰을 바라는 것은 지나친 사치에 불과한 일이었던 것 같아.

이렇게 한국교회는 코로나가 가져온 위기에 대해 세상이 알지 못하고 감당할 수 없는 사랑을 전하고 실천하는 대신 세상과의 분리를 강조하고 타자에 대한 혐오를 강화하는 방식으로 대응했어. 그리고 그런 방식은 기존 신자들의 동요를 막는 데는 어느 정도 효과를 거두었지. 그러나 나는 이 방식들이 결국 교회의 미래를 치명적인 쇠락의 길로 몰아넣고 말 것이라고 생각한단다. 교회가 세상이 가지지 못한 사랑을 보여주는 대신 세상을 뺨치는 혐오를 자신의 정체성으로 삼는다면 그 누가 교회에 발을 들여놓으려고 할까? 그런 교회는 동시대인들에게 천대받던 혐오의 대상들과 기꺼이 어울렸던 예수와 달리, '정상'과 '주류'의 카테고리에 속한 사람들만이 입장 가능한 사교장으로 전락하고 말 거야. 그런 교회에 과연 예수 그리스도가 있으시기는 할까? 네가 살아갈 미래의 세상에서라도 부디 교회가 마음을 돌이켜 증오와 혐오가 아닌 사랑과 환대를 앞장서 전파하는 공동체가 되기를 간절히 소망할 뿐이야.

도움 책

∝ 우종학, 『무신론 기자, 크리스천 과학자에게 따지다』, 한국기독학생회출판부, 2014
∝ 김기석, 『신학자의 과학 산책』, 새물결플러스, 2018
　종교와 과학의 관계라는 주제와 관련된 여러 쟁점과 논의들을 살필 수 있는 책들. 앞의 책은 과학자가 썼고 뒤의 책은 신학자가 썼다.
∝ 최경환, 『공공신학으로 가는 길』, 도서출판 100, 2019
　최근 활발하게 논의되고 있는 공공신학의 기원과 내용을 친절하게 설명하는 공공신학 소개서. 공공신학이 낯선 자들이나 비통한 자들 편에 서서 그들과 함께해야 한다고 주장한다.
∝ 김지학, 『인권옹호자 예수』, 생각비행, 2018
∝ 지니 게인스버그, 『성소수자 지지자를 위한 동료 시민 안내서』, 허원 옮김, 현암사, 2022
　앞의 책은 기독교와 성소수자와 관련된 여러 이슈를 정리한 책으로, 그리스도인들이 소수자 약자와 함께했던 예수의 삶을 따를 것을 촉구한다. 뒤의 책은 어떻게 성소수자들과 동료 시민으로 함께 살아갈 수 있는지 안내하는 지침서다.

세계
–
왜 세계의 고통에
관심을 기울여야 하는가

한 행위로 발생하는 내 이익의 양보다 그것이 야기하는
타자의 고통의 양이 더 크다면 그 행위는 중단되어야 한다.
—피터 싱어

그리스도인들은 예수를 따라 물리적 거리가 주는
'친밀성'이 아니라 상황의 심각성을 반영하는 '위급성'을
나눔 선택의 첫 번째 기준으로 삼을 수 있어야 한다.
—김혜령

"제가 아빠와 함께 해외 의료봉사에 참여했다고 말했을 때 많은 친구들
이 부러워하면서 멋진 일을 했다고 이야기해주었어요. 그런데 그중 한
명이 왜 꼭 가난한 사람을 돕기 위해 해외에까지 가야 하는지 질문했어
요. 우리나라에도 가난한 사람들이 많고 그들조차 제대로 돕지 못하는
데, 우리가 왜 굳이 세계의 오지에서 일어나는 가난에까지 관심을 가져
야 하냐는 거예요. 듣고 보니 맞는 소리처럼 느껴지기도 해요. 과연 왜
우리가 가까이 있는 내 이웃을 살피는 대신 세계의 가난과 비참에까지
관심을 돌려야 하죠?"

나 역시 15년 간 의료봉사에 참여하면서 그런 질문들을 가끔 접해왔단다. 사실 누구든 처음 그런 질문을 받게 되면 당황하거나 대답할 말이 궁색해지는 경우가 많지. 인간이 한정된 자원으로 누구를 도와야 할지 결정할 때는 '도움받을 이가 나와 얼마나 가까운가'를 따지는 친밀성과 '누가 더 당장 도움이 필요한 심각한 곤경에 처해 있는가'를 살피는 긴급성을 고려하게 되는데, 이때 자신과 가깝고 당장 내 눈에 보이는 친밀한 사람을 먼저 도와야 한다고 느끼는 것이 더 본능적이고 자연스러운 반응이기 때문이지. 그런데 이 문제는 그렇게 단순하지 않단다. 조금만 생각해보면 우리와 가까운 친밀한 사람보다 우리와 먼 위급한 사람을 먼저 도와야 할 이유가 차고 넘치기 때문이야.

이 문제에 대한 내 첫 번째 대답은 대한민국은 더 이상 우리끼리만 잘 살면 되는 아시아의 변방 국가가 아니라는 거야. 사실 우리가 젊을 때만 해도 해외에 나가서 가난한 사람을 위해 봉사를 한다는 것은 선진국 국민들에게나 가능한 꿈같은 이야기일 뿐이었지. 그러나 이제 한국은 국민총생산을 기준으로 했을 때 세계 12위의 경제 대국이자 수출과 수입을 합친 무역 규모로는 세계 7위에 해당하는 무역 대국으로 부상했어. 그리고 현재 가난한 나라에 도움을 제공하고 있는 23개국 중 과거에 원조를 받았던 경험이 있는 나라는 우리나라뿐이야. 한 세대 전만 해도 상상도 할 수 없었던 놀라운 일이 현실화된 것이지. 국제사회는 일견 힘의 논리만이 지배하는 약육강식의 정글처럼 보이지만, 한편으로는 세상에 만연한 비참과 가난에 대해 국격에 걸맞은 책임과 기여를 요구하는 곳이기도 하단다. 이는 우리의 국제적 위상이 올라갈수록 점점 내가 아닌 남에게 관심을 기울일 수밖에 없다는 의미야.

또한 너도 알다시피 우리는 소말리아 해적단에 우리 어선이 피랍되고 머나먼 아덴만에서 우리 국민을 구출하기 위한 긴박한 군사작전이 펼쳐지는 세상에서 살아가고 있어. 일본의 언론인인 시라토 게이치는 오늘날 아프리카에 만연해 있는 빈곤과 폭력은 과거의 서구 식민주의나 현재 부국들의 자원개발 열풍 등과 밀접히 연결되어 있으며, 아프리카의 이러한 혼란이 범죄나 테러, 해적 행위 등 다양한 형태의 폭력이 되어 부메랑처럼 세계 각지로 날아들고 있다고 지적해. 우리와 상관없어 보이는 지구 저편 먼 나라에서 일어나는 가난과 폭력과 전쟁은 750만 명의 동포가 세계 곳곳에 퍼져 살고 있으며 세계 6위의 해외여행객 숫자를 가진 우리에게 결코 남의 이야기가 아니야. 이것이 우리가 세계의 고통과 가난에 진지하게 관심을 기울여야 하는 첫 번째 이유란다.

그러나 설령 그들이 당하는 고통이 우리의 삶에 전혀 영향을 끼치지 않는다 하더라도, 우리는 반드시 그들의 고통에 공감하는 법을 배워야 하고, 그 고통을 줄이기 위한 실천을 시작해야 한단다. 바로 우리가 사는 사회가 인간성과 문명을 잃고 괴물로 퇴화하는 것을 막기 위해서야. 나치 시대 노동자들의 일상을 연구했던 역사가 데틀레프 포이케르트Detlev Peukert 는 대부분의 독일인들이 자신들의 주변에서 벌어지고 있던 유대인 대량 학살에 대해 알고 있었거나 적어도 조금만 노력하면 금방 알아낼 수 있었지만, 자신들의 평온한 일상이 유지될 수만 있다면 얼마든지 끔찍한 홀로코스트를 외면하거나 방조할 준비가 되어 있었고 실제로 그렇게 행동했다고 말해. 나치 강제수용소에서 기적적으로 생존한 이탈리아의 작가 프리모 레비Primo Levi는 홀로코스트라는 역사상 유례를 찾기 힘든 끔찍한 범죄가 벌어질 수 있었던 것은 이들 '일반인' 들의 비겁함과 침묵 때문이었으며, 그들이야말로 단순히 나치의 피해자나 동반자가 아니라 적극적인 '공범' 이었다고 일갈하지. 동료 인간들이 당하는 고통에 공감하기를 거부하거나 공감할 능력을 상실한 사람들로 가득한 사회는, 결국 타자에 대한 폭력에 둔감한 야만으로 퇴행하거나 전쟁을 숭배하는 전체주의로 향하게 될 수밖에 없다는 사실을 나치의 역사는 잘 보여주고 있어. 우리들이 '우리'가 아닌 '타자'의 고통에 관심을 기울여야 하는 두 번째 이유는 바로 우리 사회의 건강성을 지키기 위해서야.

실천윤리학자 피터 싱어Peter Singer는 이기적인 존재인 인간에게 나와 전혀 모를 뿐 아니라 멀리 떨어져 있는 가난한 사람을 도와야 한다는 도덕적 의무감이 당연한 정서가 아니라는 사실을 인정해. 그러나 그는 우리에게 매년 1,800만 명이라는 소중한 생명이 가난 때문에 죽어가는 이 세계에서 과연 어떻게 사는 것이 올바른 것인지 한 번쯤 진지하게 생각해보라고 권한 단다. 그리고 기독교를 포함한 세계의 모든 주요 종교가 내가 남에게 대접받기를 원하는 대로 너도 남에게 행하라는 황금률의 정신에 따라 어려운 사람들을 돕는 것이 우리의 중대한 의무라는 것을 당연시하고 있다는 사실을 상기시키지. 그는 "한 행위로 발생하는 내 이익의 양보다 그것이 야기하는 타자의 고통의 양이 더 크다면 그 행위는 중단되어야 한다"는 공리주의적 명제를 바탕으로, 우리가 기부를 통해 막을 수 있는 악만큼 중요한 뭔가를 희생하게 되기 전까지는 기부를 계속해야 한다고 주장한단다. 내가 세상의 고통을 외면하지 말아야 한다고 느끼는 세 번째 이유는 싱어의 호소와 인류의 보편적인 윤리적 유산인 황금률의 정신에 깊이 공감하기 때문이야.

　　신학자 강남순 교수는 모든 그리스도인이 예수 그리스도나 사도 바울을 따라 나와 다른 타자를 '우주적 시민'이자 '동료 인간'으로 여기는 '세계 시민(코즈모폴리턴, cosmopolitan)'이 되어야 하며, 그들에게 우주적 책임성을 가지고 예수 그리스도와 바울이 보여주었던 보편적이고 무조건적인 환대를 실천해야 한다고 말해. 그리고 이러한 생각은 타자의 존재 자체를 긍정하고 포용하는 '포용의 원'을 끊임없이 확장하려는 노력으로 이어져야 한다고 강조하지. 강 교수는 우리가 하나님을 사랑한다고 하면서도 '우리'와 다른 '타자'의 고통을 외면하고 그들에 대한 편견과 혐오를 그치지 않는다면, 그 사랑이란 위선적인 자기기만이거나 교만한 자기 의의 과시에 지나지 않는다고 일갈한단다. 내가 세상의 고통에 관심을 기울여야 한다고 주장하는 마지막 이유는 세계화 시대에 하나님 사랑과 이웃사랑을 실천하는 신실한 그리스도인으로 살아가는 유일한 길은, 우리와 다르거나 우리와 멀리 떨어진 '동료 인간'의 고통까지도 간과하지 않는 '코즈모폴리턴'이 되는 것뿐이라고 믿기 때문이야.

한스 로슬링Hans Rosling이 『팩트풀니스』에서 지적한 것처럼 현재 세상은 우리가 알고 있는 것처럼 나쁘지 않으며 우리가 미처 모르는 사이에 빠른 속도로 좋아져왔단다. 그러나 이는 우리가 안락한 방 안에서 세상이 그렇게 좋아졌다는 사실에 안도하고 있는 동안에, 누군가가 때로 너무 느려서 전혀 변화가 없는 것처럼 느껴지는 아주 작은 진전을 이루기 위해 우리 대신 기꺼이 지갑을 열고 열악한 현장에서 땀 흘리고 있기 때문이야. 내가 오랫동안 해외봉사에 참여하며 느낀 것은 우리의 몸과 마음, 그리고 지갑이 세상을 향해 기꺼이 열리기 전까지 세상은 절대 저절로 좋아지지 않는다는 거야.

김영미 국제분쟁 전문 PD는 『세계는 왜 싸우는가』의 서문에서 오래전 오스트리아 빈(Wien)의 한 게스트하우스에서 국제 정세에 대한 여러 나라 청년들의 열띤 대화에 끼지 못한 채 자기들끼리 모여 맥주만 마시던 한국 대학생들을 만났던 일을 언급해. 그리고 우리의 젊은이들이 시야를 열어 타인의 고통에 공감하고 세상에 만연한 폭력과 전쟁의 해결책을 고민하는 세계 시민으로 커갈 수 있기를 소망하지. 기독교 윤리학자인 김혜령 교수는 내가 누군가의 이웃이 되는 것은 물리적 거리가 가까워서가 아니라, 그와 의미 있는 관계를 맺었기 때문이라고 말해. 그리고 그리스도인들은 그들의 하나님이자 스승인 예수를 따라 물리적 거리가 주는 '친밀성'이 아니라 상황의 심각성을 반영하는 '위급성'을 나눔 선택의 첫 번째 기준으로 삼을 수 있어야 한다고 역설하지. 세계화 시대를 살아가고 그 열매를 마음껏 누리면서도 "왜 우리 문제도 산적해 있는데 다른 나라까지 도와야 하는가"라는 질문을 던지는 대한민국의 모든 사람이 이 이야기들에 조금이라도 공감할 수 있기를 바랄 뿐이야.

도움 책

∞ 김영미, 『세계는 왜 싸우는가』, 김영사, 2019

∞ 시라토 게이치, 『오늘의 아프리카』, 이정은 옮김, 현암사, 2011
분쟁 지역을 직접 취재한 언론인들이 들려주는 세계분쟁 이야기. 그들의 고통이 우리의 번영과 밀접하게 연결되어 있기에 세계의 빈곤과 폭력에 관심을 가져야 한다고 역설한다.

∞ 프리모 레비, 『이것이 인간인가』, 이현경 옮김, 돌베개, 2007

∞ 프리모 레비, 『가라앉은 자와 구조된 자』, 이소영 옮김, 돌베개, 2014
유대인 강제수용소에서 생존해 돌아온 저자가 자신의 경험을 토대로 쓴 책. 홀로코스트의 참상은 진실을 애써 외면하거나 묵인했던 대다수 '일반인'들의 침묵 때문이었다고 고발한다.

∞ 피터 싱어, 『물에 빠진 아이 구하기』, 함규진 옮김, 산책자, 2009

∞ 김혜령, 『기독시민교양을 위한 나눔 윤리학』, 잉클링즈, 2022
나눔의 윤리를 다루는 책들. 내 이익이 타인이 고통당하지 않을 권리를 앞설 수 없다고 강조하면서, '나눔의 사랑'과 '나누기의 정의'를 함께 실천하는 시민교양을 역설한다.

∞ 강남순, 『코즈모폴리터니즘과 종교』, 새물결플러스, 2015
저자는 코즈모폴리터니즘의 특성과 가치, 그리고 중요한 지류를 설명한 후, 타자의 존재를 긍정하는 "포용의 원"을 끊임없이 확장하려는 실천이 필요하다고 강조한다.

∞ 한스 로슬링 외, 『팩트풀니스』, 이창신 옮김, 김영사, 2019
세상은 우리가 가진 선입견만큼 그렇게 나쁘지 않으며 지금도 좋아지고 있지만, 수많은 사람들이 '과도하게 극적인 세계관'에 갇혀 그 사실을 깨닫거나 인정하지 못한다고 주장한다.

공부

–

학과 지느러미

공부하지 않는 사람들의 특징은,
자신의 시선 속에 갇힌 남들이 모두 체계 속에 닮은 채 엉겨 있지만
나만은 체계 밖에서 남다른 모습으로 서 있다고 생각하는 것이다.
–김영민

"어느 목사님께서 그리스도인들이 성서의 말씀 외에 세상 학문이나 지식에 너무 관심을 기울이면 신앙에 해로운 영향을 받게 된다고 경고하셨어요. 그리고 다른 목사님은 일반 성도들이 성서나 기독교에 대해 너무 많이 공부하면 머리만 커져 사사건건 비판만 하는 교만한 교인이 될 수 있다고 말씀하셨지요. 왜 그렇게 학교에서는 공부 열심히 하라고 말하면서 교회에서 공부하는 것에 대해서는 경계하죠? 과연 좋은 기독교인이 되기 위해서는 꼭 공부를 해야 하나요? 만약 그렇다면 어떻게 해야 하나요? 그리고 그 공부의 목표는 무엇이죠?"

믿음을 묻는 딸에게,

기독교는 전통적으로 '책의 종교', '공부의 종교'였어. 기독교인들은 어떤 교파에 속해 있든 공통으로 성서에 하나님의 계시가 담겨 있다고 믿으며 신앙 생활에서 성서의 중요성을 강조해 왔지. 그중에서도 개신교의 비조라 할 수 있는 종교개혁자 마르틴 루터는 '오직 성경으로(sola scriptura)'라는 슬로건에서 잘 알 수 있듯, 전통(traditio)이나 이성(ratio) 혹은 경험(experientia)을 배제하고 오직 성서만을 유일한 신학의 규범이자 자료로 격상시켰지. 꼭 루터처럼 성서만을 신학의 원천으로 삼지 않는 경우에도, 모든 그리스도인과 교파들은 그들의 유일한 경전인 성서를 읽고 공부하는 일을 자신들의 신앙과 삶에서 필수적인 요소로 여기고 있단다.

그러나 역사적으로 볼 때 그리스도인들은 오직 성서만을 붙들고 있는 '한 책의 인간(homo unius libri)'은 아니었어. 기독교의 가장 위대한 교부였던 아우구스티누스는 성서 외에 고전 시대의 사상가 중 플라톤과 키케로를 깊이 사사했으며, 중세 천 년을 지배한 탁월한 라틴어 성서인 불가타성서의 번역자인 히에로니무스는 키케로를 워낙 사랑한 나머지 꿈에서 "너는 내 제자가 아니라 키케로의 제자"라는 예수의 꾸지람을 들어야 했지. 양손에 각각 성서와 인문 고전을 받쳐든 이 교부들을 본받아 많은 성직자는 『성서』와 더불어 플라톤, 아리스토텔레스, 키케로, 베르길리우스를 가까이 한 폭넓은 독서인이자 교양인이었어. 그리스도교는 언제나 '책(들)의 종교'

였으며, 그리스도인들은 언제나 '읽고' '쓰는' 사람들, 즉 공부하는 사람들이었다는 뜻이지. 따라서 좋은 그리스도인, 신실한 제자로 살아가려면 반드시 읽고 쓰는 사람, 즉 공부하는 사람이 되어야 한단다.

유시민 작가는 『유시민의 공감필법』에서 공부란 "인간과 사회와 생명과 우주를 이해함으로써 삶의 의미를 찾는 작업"이라고 정의하고 있어. 그리고 다양한 공부길 중에서도 독서와 글쓰기야말로 가장 좋은 방법이라고 강조하지. 그는 책에는 글쓴이가 파악한 인간과 세계의 본질, 그 사람이 찾은 삶의 의미와 살아가면서 느끼는 감정이 들어 있으며, 따라서 독자는 책을 읽을 때 비판이라는 강박에 사로잡히지 말고 먼저 글쓴이가 텍스트에 담아둔 지식과 정보와 생각과 감정을 있는 그대로 보고 느끼고 이해하는 데 초점을 두어야 한다고 말해. 그리고 남이 쓴 글에 깊이 감정을 이입할 줄 아는 사람만이 책에서 얻은 것을 세상과 타인과 자신을 대하는 태도를 형성하는 토대로 삼을 수 있다고 강조하지.

나는 유시민 작가의 말대로 공부의 첫걸음이 책에 들어 있는 타인의 지식과 생각과 감정을 정확하게 받아들이는 일이라고 생각해. 나는 평소 책에 대한 정보를 얻기 위해 다른 사람이 쓴 책 소개 글을 유심히 살펴보는 편이야. 그런데 상당히 잘 쓴 것처럼 보이는 책 소개 중에도 막상 책의 내용을 피상적으로만 파악했거나 심지어 거의 이해하지 못한 채 쓴 글들이 많다는 사실에 놀랄 때가 있단다. 공부에 있어 자신이 읽는 텍스트의 내용을 정확하게 파악하고 이해하는 일은 아무리 강조해도 지나치지 않아. 그럼에도 한 사람의 노력이 책에 쓰인 지식을 정확하게 파악하고 이해하는 데서 그친다면 그의 공부는 반쪽짜리에 불과하다고 말할 수밖에 없단다. 공부의 궁극적 목표는 타자와의 대면을 통해 나 자신을 파악하고, 타자의 개입을 통해 나를 변화시키며, 궁극적으로 더 나다운 나, 더 나은 인간이 되는 것이기 때문이지. 이런 공부의 과정을 가장 잘 설명한 책이 김영민 선생의 『김영민의 공부론』이란다.

김영민 선생은 자신만의 독특한 문체로 독창적인 사고를 펼치는 내가 가장 좋아하는 저자 중 한 분이야. 그는 공부하지 않는 사람들의 특징이 "자신의 시선 속에 갇힌 남들이 모두 체계 속에 닮은 채 엉겨 있지만 나만은 체계 밖에서 남다른 모습으로 서 있다고 생각하는 것"이라고 말해. 그리고 그런 사람들에게 세상이란 자기 생각을 확인하기 위한 표상일 뿐이며, 타자는 언제나 자신의 기존 관념을 강화하기 위한 수단일 뿐이라고 지적하지. 선생은 그런 사람들의 특징인 세상에 대한 냉소와 지적 허영은 "타인들이 얼마나 자신의 존재에 깊이 관여하는지 깨닫지 못하기 때문"이라고 일갈한단다. 자신의 지식과 경험을 절대화하면서 언제 어디서든 누구에게나 훈계를 베풀 준비가 되어 있는 꼰대스러운 사람들이야말로 김영민 선생이 말하는 공부하지 않는 인간의 전형이라 할 수 있어. 너도 알다시피 유감스럽게도 그런 사람들을 가장 많이 만나볼 수 있는 곳이 바로 교회란다.

그러나 사실 참된 공부란 내가 지금 가진 생각이 결코 자연스럽거나 당연한 것이 아니라는 것, 그리고 스스로 내 생각이라고 여기는 것들이 기실 "복수적 타자가 나에게 설치한 프로그램"일 수 있다는 사실을 뼈저리게 깨닫는 것에서부터 시작된다고 할 수 있어. 김영민 선생은 여기서 더 나아가 "정상(正常)의 평화와 나태에 의해 폐색된 사유의 통로를 낯설게 하기의 실험을 통해 뚫어내고 (……) 허물어지거나 무너지기를 통해서 기존의 배움의 바탕과 구조를 반성하며 (……) 타성 속에 굳어진 편견을 굽어볼 수 있는 메타적 시선을 획득하는" 과정을 거쳐 "타자와의 대면"에까지 도달하는 것이야말로 공부의 완성이라고 말하고 있어. '남'은 내 생각을 확인하고 정당화시켜주는 수단이 아니라, 내 공부가 도달해야 하는 일차적 목표이자 지향점이라는 거야.

사실 이렇게 책을 통해 이루어지는 타자와의 대면은 반드시 '나'에 대한 타자의 개입을 동반하게 되어 있어. 심지어 내 존재를 타자의 개입에 적극적으로 열어놓지 않은 모든 배움은 결코 참된 공부의 길일 수 없다고까지 말할 수 있지. 김영민 선생의 표현을 빌리자면 공부란 "학같이 긴 다리로 물가를 노닐면서 물고기만 쪼아 먹는" 영리한 사람의 것이라기보다는

"타인이라는 물속에 몸을 너무 깊이 잠근 나머지 혹간 몸에 지느러미가 돋고 아가미가 생기기도 하는" 현명한 인간의 몫이라는 거야. 또 "익사의 공포를 뚫고 범람하는 타자의 강물 속으로 몸을 던지며 피안을 향해 한 걸음씩 나아가는 것"이라고도 할 수 있지. 이는 타자와의 대면을 통한 존재와 삶의 총체적 변화야말로 참된 공부의 시금석이자 필연적 귀결이라는 의미야.

김영민 선생은 공부의 본성에 대해 흥미로운 비유를 하나 더 들고 있단다. 그는 일본의 유명한 무사인 미야모토 무사시의 "준비 자세가 있으면서 자세가 없다"는 말을 인용해. 그리고 이는 "공부하는 사람은 궁극적으로 몸의 기질과 성향, 그리고 버릇과 운용방식을 바꾸어 생활과 공부, 삶과 앎, 의식과 무의식의 경계가 허물어지는 데까지 나아가야 된다"는 뜻이라고 부연하지. 참된 공부란 특정 시간과 공간에 국한해 행해지는 특정한 행위가 아니라, 공부 자체가 자신의 몸과 무의식 속에 기입되어 "생활이 공부가 되고, 의식과 무의식이 공명하며, 몸이 곧 펜이 되는" 경지에까지 이르러야 한다는 거야.

선생은 그렇게 좋은 몸을 가진 사람은 더 이상 공부에 있어 예열이나 준비 자세를 필요로 하지 않는다고 말해. 그런 사람은 언제 어디서나 쓰고, 언제 어디서나 읽고, 언제 어디서나 말(대면)하고, 언제 어디서나 행동(버릇)하고, 언제 어디서나 욕망과 자본의 체제를 벗어난 희망을 조형하게 되기 때문이지. 결국 참된 공부란 타자와의 대면을 통해 내가 새로운 존재로 변화되는 것으로 귀결되지만, 궁극적으로는 새로운 존재가 된 내가 움직이는 곳마다 주변이 바뀌는 것을 통해 완성된다는 거지. 공부하지 않는 사람의 종국이 "자기 생각의 순환 속에서 굳어지는 공부의 지옥"에 빠지는 것이라면, 공부하는 사람의 운명은 "타자와의 만남을 통한 끝없는 변화의 순환" 속에서 살아가는 삶이라고 표현해볼 수 있지 않을까.

사실 그리스도인들이야말로 김영민 선생이 의미하는 공부를 삶 가운데 가장 잘 경험한 사람들이라고 할 수 있어. 기독교인을 박해하기 위해 기세등등하게 다마스쿠스로 향하던 바울은 하나님이라는 타자가 자신의 삶에 폭력적으로 개입하는 놀라운 경험을 하게 돼. 그리고 그 결과 지금까지 자신이 가졌던 하나님과 기독교에 대한 생각이 자연스럽거나 당연한 것이 아니었다는 것을 깨닫게 되지. 이렇게 공부의 길에 접어든 그는 하나님과 여러 사람과 만남을 통해 영적으로 인격적으로 성숙해갔고, 점차 생활과 신앙, 삶과 앎, 의식과 무의식의 경계가 허물어지면서 발 닿는 곳마다 주변을 바꾸는 위험한 사람 즉 그리스도를 닮은(Imitatio Christi) 사람이 되어갔지. 신약성서 사도행전에서 바울의 대적들은 "세상을 시끄럽게 하는 자"25)라는 죄목으로 바울을 고소한단다. 나는 이러한 바울의 삶이야말로 모든 시대와 장소의 그리스도인들이 본받아야 할 공부하는 삶의 모범이라고 생각해. 그리스도의 제자들이라면 절대타자인 하나님과의 대면을 통해 총체적인 존재의 변화를 경험하고, 타인과의 만남을 통해 끊임없이 신앙의 지평을 넓히며, 변화된 자신의 존재 자체를 통해 지속적으로 세상을 변화시키는 사람이 되어야 한다고 믿기 때문이지.

그러나 유감스럽게도 나를 포함한 대부분의 그리스도인은 일단 은혜를 경험한 후에는 아가미가 생길 정도로 하나님과 타인의 존재에 깊이 몸을 담그기보다는, 익숙한 물 바깥에서 자신에게 필요한 은혜만 쪼아 먹는 학으로 살아가는 것을 더 선호하는 것으로 보이는구나. 자신이 변화될 가능성을 원천적으로 차단한 채, 공부를 자신의 기존 관념을 강화하기 위한 수단으로 삼거나 타자와의 만남을 단순히 자신의 생각을 전파하기 위한 방편으로 여기는 것이 참된 공부의 길, 참된 그리스도인의 길이라고 할 수 있을까? 오히려 '개종 가능성'까지 언급한 레이문도 파니카의 태도야말로, 절대자 앞에서 끊임없이 그를 추구하는 종교인들이 지녀야 할 참된 공부의 태도가 아닐까?

만약 어떤 그리스도인이 이러한 경지에 도달하게 되었다면 이제 더 이상의 공부 길은 존재하지 않는 것일까? 하나가

---

25) 신약성서 사도행전 17장 6절

더 남았어. 바로 글쓰기야. 앞에서도 언급했듯 읽기와 함께 공부의 중요한 축 중 하나가 글쓰기이기 때문이지. 사실 누군가가 한 분야를 공부했다는 것은 그 주제와 관련된 수많은 책을 읽었다는 뜻이 아니라, 그 주제에 대해 자신의 생각을 정리해 글로 표현할 수 있게 되었다는 의미야. 그래서 앞서 말한 공부의 경지에 도달하기 위해서는 '읽기'만큼이나 '쓰기'가 중요하단다. 여기서는 마지막으로 독서의 중요성을 절대시해 온 고정관념을 깨뜨리면서 쓰기의 중요성을 강조하는 흥미진진한 책과 함께 우리의 이야기를 마칠까 해. 대학에서 문학을 강의하는 피에르 바야르Pierre Bayard가 쓴 『읽지 않은 책에 대해 말하는 법』이라는 책이야.

바야르는 독서란 곧 비독서이며 책을 전혀 읽지 않는 것이야말로 우리가 책과 맺는 주된 관계라는 파격적인 주장으로 이 책을 시작해. 아무리 책을 많이 읽는 사람이라 해도 세상에는 그가 읽지 않은 책이 훨씬 많기 때문이지. 그리고 설령 우리가 어떤 책을 읽었다고 해도 우리의 기억 속에 남겨지는 것은 온전한 텍스트 전체가 아니라, 책을 내려놓는 순간부터 시작되는 '망각'과 그 책에 대한 우리의 선이해로 구성된 '내면의 도서관'을 통과한 후 겨우 남겨진 왜곡되고 뒤틀린 텍스트의 조각들뿐이라고 주장하지. 그뿐 아니라 저자는 독서의 주체인 나 역시 확고하고 불변하는 주체가 아니라, 출처가 불명확한 텍스트 조각들 사이에서 끊임없이 부유와 명멸을 반복하는 불확실한 존재일 뿐이라고 말해. 따라서 두 사람이 만나 어떤 책에 대해 이야기를 나눈다 해도, 그들은 각자의 불완전한 자아가 왜곡된 텍스트의 조각들을 엮어 만들어낸 서로 다른 책에 관해 말하고 있을 가능성이 높다고 주장한단다. 이는 우리가 독서와 담론을 통해 언젠가 실재하는 책에 도달할 수 있으리라는 생각은 부질없는 꿈에 불과하다는 의미야.

　이러한 이유로 저자는 우리가 읽지 않은 책에 관해 이야기하는 것을 두려워할 필요가 없다고 말해. 어차피 독자든 비독자든 책에 대해 이야기하는 모든 사람은 책들을 '꾸며나가는' 과정 속에 있으며, 어떤 책을 어떤 수준으로 읽었느냐가 아니라 그 책들을 통해 얼마나 탁월한 통찰력을 가지게 되느냐가 중요하기 때문이라는 거야. 심지어 저자는 알지 못하는 것에 대해 통찰력 있게 말할 수 있다는 것은 창조의 세계를 열어주는 시작점이 될 수 있기에, 불가능한 꿈인 '책 자체'에 도달하려는 시도를 버리고 개략적으로만 알고 있거나 전혀 모르는 텍스트의 일부 요소만을 가지고 '책 이야기'가 아닌 '자신의 이야기'를 시도하는 편이 더 낫다고 주장한단다. 공부의 마지막은 "다른 사람들의 말의 무게에서 마침내 해방된 독자가 자기 자신의 텍스트를 만들어내며 한 사람의 창작 주체로 탄생하게 되는 순간"이며, 공부의 결론은 '책'이라는 불변의 이데아에 도달하는 것이 아니라, 책의 파편들을 창조적으로 재구성해 '나 자신'의 고유한 텍스트에 도달하는 일이라는 거지.

이 책을 읽으며 저자의 생각을 불편하게 생각할 사람들 중 단연 으뜸은 보수적인 기독교인들이지 않을까 하는 생각이 들더구나. 너도 알다시피 한국교회의 절대다수를 차지하는 보수적 그리스도인들은 성서 텍스트가 문자 그대로 일점일획도 틀림이 없는 하나님의 말씀이고 자신들이 성서를 읽어온 독법―이 책의 표현을 빌리자면 보수적 기독교인들이 가진 '내면의 도서관'이나 그들이 공유하는 해석이나 교리의 체계인 '집단도서관'―이야말로 유일하게 바른 '정통'의 방식이라고 믿어 의심치 않기 때문이지. 그런데 이미 '성경 자체'에 도달했다는 그들의 확신은 사실 영원히 불가능한 소망일 뿐이며, 그들이 열심히 읽고 또 읽어 마음속에 깊이 간직한 바로 그 '성서'가 변형되고 왜곡된 텍스트의 조각에 불과하다는 저자의 주장은 그들의 성서 읽기 놀이터에 떨어진 폭탄과 다름이 없을 거야.

그러나 이 책을 다 읽은 나는 그리스도인들이야말로 이 책에서 가장 많은 것을 배워야 할 집단이라고 확신하게 되었단다. 성서 읽기란 결국 유동적이고 불확실한 인간이 결코 완전히 도달할 수 없는 텍스트와 만나 파편적이고 불완전한 오브제를 얻어내는 행위라는 사실 그리고 성서 읽기의 목표는 성서 텍스트에 완벽하게 도달하려는 집착에서 벗어나 그 텍스트의 조각들을 바탕으로 우리의 이야기를 좀 더 새롭고 창조적인 방식으로 써나가는 것이라는 사실을 마음에 새긴다면 우리는 좀 더 겸손하고 좀 더 자유로우며 좀 더 창조적인 성서 독자요 해석자가 될 수 있지 않을까? 그리고 굳어진 도그마의 포로가 되어 세상의 변화에 적응하지 못하는 박제된 교인이 아니라 세상의 변화에 능동적으로 대응하는 살아 있고 역동적인 그리스도의 제자로 살아갈 수 있지 않을까?

도움 책

∝ 유시민, 『유시민의 공감필법』 창비, 2016
　저자는 다양한 공부길 중에 독서와 글쓰기가 가장 좋은 방법이며, 그 목표는 '훌륭한 사람'이 아닌 '나다운 사람'이 되는 것이라고 주장한다.

∝ 김영민, 『김영민의 공부론』 샘터, 2010
　철학자 김영민 선생의 공부론. 참된 공부란 타자와의 대면을 통해 변화된 존재가 되는 것이며, 그 결과는 움직일 때마다 주변을 바꾸는 위험한 사람이 되는 것이라고 강조한다.

∝ 피에르 바야르, 『읽지 않은 책에 대해 말하는 법』 김병욱 옮김, 여름언덕, 2008
　독서를 신성시하는 우리의 고정관념을 깨뜨리는 독특한 독서론. 저자는 책 자체에 도달하려는 불가능한 시도를 멈추고 텍스트의 조각들로 자신의 이야기를 시도하는 것이 낫다고 강조한다.

신앙, 모험의 여정

제가 성서에서 가장 좋아하는 '달란트의 비유'로 이야기를 마치려고 합니다. 어떤 주인이 종들을 불러 능력대로 각각 달란트(당시 이스라엘 지역의 화폐 단위)를 나눠주고 여행을 떠났습니다. 두 종은 그 돈으로 장사를 하여 이윤을 남겼지만 한 종은 그가 받은 달란트를 땅에 묻어두었지요. 여행에서 돌아온 주인이 종들과 만났을 때 열심히 장사해 이윤을 남긴 두 종에게는 더 큰 일을 맡기겠다는 약속과 함께 주인과 함께 기쁨을 누리는 보상이 돌아왔습니다. 그런데 주인을 가혹한 분으로 여긴 나머지 실패했을 때 당할 추궁에 대한 두려움으로 그 돈을 잘 '수호'하는 데만 급급했던 한 종은 결국 가진 것조차 빼앗긴 채 바깥 어두운 곳으로 쫓겨나는 가혹한 심판을 피할 수 없었지요.

저는 질문하고 싶습니다. 여러분은 과연 주인에게 받은 달란트를 '수호'하기 위해 땅에 묻어두고 가끔씩 파내서 그 아름다움을 상찬하는 것으로 자신의 의무를 다했다고 확신하는 종인가요? 아니면 그 주인에게 받은 달란트로 더 큰 결실을 거두기 위해 손해의 위험을 무릅쓰고 용감하게 위험한 세상으로 나아가 장사하는 종인가요? 저는 제가 믿는 하나님이 마지막 종의 오해와 달리 자신의 종들을 신뢰하고 은혜를 베푸는 인자한 주인 같은 분이라고 믿습니다. 그리고 그 하나님은 자신이 받은 지적 종교적 '전통'이나 '유산'을 잘 지키고 수호하려는 사람들보다, 그 유산을 바탕으로 용감하게 지적 실천적 모험에 나서 창조적 결실을 맺은 사람을 더 사랑하실 것이라고 생각합니다.

그런데 이 주인에게 이 비유에 기록되지 않은 네 번째 종이 더 있었다고 상상해봅시다. 만약 이 종이 이윤을 남기기 위해 세상으로 나아가 용감히 분투했지만 손실을 입었거나 빈털터리가 되고 말았다면 과연 그는 어떤 처분을 받았을까요? 저는 그 종이 달란트를 땅에 묻어두기만 했던 종보다 덜 가혹한 대접을 받았으리라 생각합니다. 그리고 적어도 주인이 종들과 함께 기쁨을 누리는 곳에 그의 자리도 마련되어 있었으리라고 확신합니다.

스위스의 정신과 의사이자 기독교 저술가인 폴 트루니에 Paul Tournier는 그의 대표작 『모험으로 사는 인생』에서 인간에게는 모험의 본능이 있다고 말합니다. 모든 생명체는 기본적으로 위험을 회피하고 편안함을 추구하려는 성향을 가지지만, 인간만은 편안한 자리를 뛰쳐나와 모험의 자리로 나가려는 본능이 있다는 것이지요. 저는 우리의 삶과 신앙이 미지의 세계를 향한 모험의 여정이라고 믿습니다. 그리고 그 여정에 대한 하나님의 생각을 가장 잘 보여주는 이야기가 바로 '달란트 비유'라고 생각합니다. 만약 하나님이 인간에게 모험의 본능을 주신 인자한 주인 같은 분이라면 네 번째 종에 대한 제 생각 역시 옳으리라고 확신합니다.

묻고 싶습니다. 여러분은 어떤 종인가요? 여러분의 주인은 어떤 분인가요?

믿음을 묻는 딸에게,
아빠가

초판 1쇄 발행 2023년 3월 24일
      9쇄 발행 2025년 4월 10일

지은이 | 정한욱

펴낸곳 | 정은문고
펴낸이 | 이정화
디자인 | 원선우

등록번호 | 제2009-00047호 2005년 12월 27일
주소 | 서울시 마포구 동교로13길 60 503호
전화 | 02-392-0224
팩스 | 0303-3448-0224
이메일 | jungeunbooks@naver.com
블로그 | blog.naver.com/jungeunbooks
페이스북 | facebook.com/jungeunbooks

ISBN 979-11-85153-55-1(03230)

이 도서는 국제 친환경 인증을 받은 100% 천연펄프 용지인 norbrite 80#로 제작되었습니다.